Danke an meine „Inspiratoren" Kerstin, Jonas und Niklas.

Danke an meine gute Rechtschreib-Fee „Reserl" und an alle, die mich unterstützt haben.

Und natürlich danke ich Ihnen, dass Sie dieses Buch gekauft haben.

Viel Freude damit!

Simon Keller

mANnSICHTSSACHE

Theorie trifft Wirklichkeit.

Dass aller Anfang schwer sei, sagt schon ein Sprichwort. Aber irgendwann ist es dann trotzdem soweit. Mein oftmals verwendeter Ausspruch,

„ich müsste das alles eigentlich aufschreiben",

wird in die Tat umgesetzt.

Welche Dinge für mich so niederschreibenswert sind? Es sind oft die alltäglichen Kleinigkeiten. Satzteile vom Nebentisch, Situationen im täglichen Gewusel oder eine Meldung in der Presse, die meine Gehirnwindungen heißlaufen lassen. Es passiert einfach.

Uns allen geschieht das. Kleine, gedankliche Initialzündungen verglimmen leider allzu oft unbemerkt. **Wir alle könnten Bücher schreiben. Hier ist meines.**

Ausgestattet mit einer großen Portion Gerechtigkeitssinn und einer „Brille", durch die nur Männer ihre Welt sehen, eröffnen sich aus banalen Situationen plötzlich völlig neue Weisheiten und Theorien.

© 2010 Simon Keller

Autor: Simon Keller

Verlag: tredition GmbH
ISBN: 978-3-86850-893-2
Printed in Germany

Das Werk, einschließlich seiner Teile, ist urheberrechtlich geschützt. Jede Verwertung ist ohne Zustimmung des Verlages und des Autors unzulässig. Dies gilt insbesondere für die elektronische oder sonstige Vervielfältigung, Übersetzung, Verbreitung und öffentliche Zugänglichmachung.

22.06. Der Anfang.

Während ich mit dem Auto durch die Gegend fahre und überlege, wie mein Buch beginnen soll, höre ich die Nachrichten im Radio. Beim Autofahren entspanne ich. Der Informationsbrei kann einmal durch den Filter laufen und die wichtigen Dinge bleiben hängen. So ein Männergehirn ist zwar einfach konstruiert, aber auch etwas Tolles.

„Spiegeltrinker", hat der Moderator im Autoradio gerade gesagt. Bischof Mixa sei so einer. „Dieses Wort haben die doch sicher gerade erfunden", denke ich so vor mich hin.

Aber nein, da ist schon ein Oberarzt, der das erklären kann. Ich wette mit mir selber, dass das nichts mit „vor oder hinter dem Spiegel trinken" zu tun hat, und gewinne. Mit nasaler, überzeugender Stimme erklärt der Doktor das Phänomen. Es habe mit dem Alkoholspiegel zu tun und der müsse immer sehr hoch bleiben. Mit zwei oder drei Promille sähe man solchen Menschen nicht an, dass sie total besoffen sind. Aber nüchtern dann schon…oder so. Ist ne schlimme Sache. Ich sag immer aus Spaß: „Sei ruhig sonst kommst du in den Mixa", in Anlehnung an einen Joghurt-Werbespot, oder „Pass auf, sonst kommt der Bischof."

O.K. Das ist böse, aber so ist mein Humor nun mal. Außerdem, und das ist meine erste Theorie, brauche ich meinen bösen Humor als eine Art Überlaufventil. Sonst steckt mich die Dummheit dieser Welt noch an und infiziert meinen Denkapparat. Dann lieber drei lockere Sprüche und alles ist gut. Typisch Mann eben. Schublade auf und rein. Haken dran. Basta. Fertig.

24.6. bis 27.6. Sommermärchen

Wenn die Temperaturen steigen,
ja dann die meisten Menschen neigen.
Meistens mehr dazu, zu Lachen, als sich über irgendwelche Sachen.

Nur zu sorgen und zu grämen, des Lebens Leichtigkeit zu lähmen.

Nein, bei Sonnenschein auf keinen Fall, und rollt dazu auch noch der Ball.

Dann ist`s hier wie im Paradies, das schwarz rot gülden ich genieß.

Doch wehe, wenn der Regen gießt und Poldi die WM verschießt.

Dann sieht die Welt, oh je, oh graus, so gruselig wie vorher aus.

Gut. Das musste mal raus, weil ich Angst hatte, dass alle im Lande irgendwie von irgendwem durch lächelnde, gutgelaunte Klone ersetzt worden sind. Oder ist es ein Fehler in der Matrix?

Wir Deutschen, Land der Sorgenzähler und Mahner, wir haben brasilianische Zustände.

Party, Sonne, lachende Menschen mit Fahnen und Fähnchen.

Ich gehör ja zu den Sorgenzählern. Wirklich. Sobald ein Zustand, der einem sorgenfreien Leben auch nur ähnelt, sich einstellen will, dann… dann erwarte ich eigentlich schon, dass etwas passiert. Es ist eine Erfahrung von mir… einmal freuen, kurz darüber nachdenken, dass es einem gut geht und zack! Da drückt einer auf einen Knopf, zieht am Seil, dreht an der Kurbel. Ich hab keine Ahnung.

Aber da kannste drauf Wetten, dass sogleich eine schlechte Nachricht kommt. Der Steuerbescheid erreicht dich am selben Tag wie die Kündigung des Dispokredites. Die Waschmaschine verabschiedet sich von allem irdischen Tun, kurz nachdem man den teuren Urlaub gebucht hat. Du fährst in den Urlaub und das Druckausdehnungsgefäß der Heizung meint, eine Sprinkleranlage geworden zu sein. Die Reihe lässt sich beliebig fortsetzen.

Und jetzt habe ich Angst, dass das ganze Land für diese zwei Wochen gute WM Laune mit 200 Jahren übelster Sorgen und allerlei Unglück büssen muss.

Also los. Ich opfere mich. Wenn ich meine eigene Sorgenquote hochfahre, kann ich evtl. für uns alle einige Stunden der Verdammnis abkürzen. Die Ozonwerte wären ein Anfang. Die steigen bei dem Wetter und bald gibt's auch Wärmegewitter und Hagelschlag. Das sind meine Grundsorgen. Aber ich kann mehr. „Streng dich an!" Die Griechen und ihre Geldvernichtung, ja, schon besser. Durch die Sonnenstrahlen steigt das Hautkrebsrisiko und von gegrilltem Fleisch bekommen wir Acrylamidvergiftungen. Alles wird schlechter und bald schlägt doch dieser Komet auf die Erde ein. Egal, evtl. fliegt er ja auch vorbei. Aber die Sonnenflecken nehmen zu und die Elektrizität fällt weltweit aus. Und 2012 hört der Mayakalender auf. Das Ende naht.

Ich glaube, es hat funktioniert. Mein Sorgengedankenbrei wirkt wie ein Schutzschild gegen diese aufgesetzte WM- und Sommerstimmung. Ich bin es, der Auserwählte, der die Matrix vernichten kann.

Ich muss mit dem Zeug aufhören!

ÖFFNEN

O.K. Finger hoch, wem geht's auch so? Ich bekomme diese blöden Verpackungen nicht auf. Egal welche. Ob eingeschweißter Käse, Wurst, Pizzafertigteig.

Ich zerr und ziehe… dann gebe ich die Packung meiner lächelnden Frau und „zippp" das Ding ist auf.

Männer sind Grobmotoriker, aber wir sind auch ein Zielpublikum für die Verpackungsindustrie. Zumindest sollte das so sein. An den Stellen, wo das Wort „Öffnen" und ein nichtssagender, geschwungener Pfeil auf die Verpackungen gedruckt ist, geht nichts auf. An allen anderen Stellen, eventuell. Aber bei „Öffnen" nicht.

Ich hab auch hier eine Theorie. Das Wort „Öffnen" wird an extra verstärkten Stellen der Verpackung aufgedruckt. Die Chefin dieser Firma rächt sich somit an allen Männern dieser Welt. Frauen geben schon seit Generationen die Lösung dieses Rätsels an ihre weiblichen Nachkommen weiter. Nur um uns zu ärgern…

Das Verfahren sollte ich mir merken und an BP mailen. Einfach einen Klebestreifen mit dem Wort ÖFFNEN auf ein leckendes Bohrloch kleben und fertig…geht nie mehr auf.

Die Krönung in meiner Verpackungslaufbahn war folgende Situation.

Wir hatten eingekauft. Eine neue Haushaltsschere und eine CD. Nachdem ich mir die Finger an der CD Verpackung wund gekratzt hatte und unter Aufzählung aller mittelalterlichen Verwünschungen und Bierkutscherflüche das Ding immer noch eingepackt vor mir lag, schob mir meine Frau wortlos, aber mit Siegerlächeln, die neu gekaufte Haushaltsschere rüber… die noch in der Verpackung war. Meinem Wutgeschrei folgten Racheschwüre, dann öffnete ich mit einem Messer die Scherenverpackung, um dann mit der Schere die CD Hülle öffnen zu können.

Wenn Außerirdische unseren Planeten in diesem Augenblick gescannt und mich dabei beobachtet hätten…sie wären weiter geflogen mit dem Logbucheintrag:

„Kein intelligentes Leben. Invasion abblasen!" Glück gehabt. Wieder hat ein Mann die Erde gerettet.

28.06. Technologie

"Heute Mittag gibt es Griesbrei. Und wir haben noch Äpfel, da mache ich Kartoffelbrei daraus."

Zwei Sekunden Ruhe, um das von meiner Frau Gesagte zu überdenken. Dann schau ich sie fest an und sage ernst: "Das kannst du nicht machen!"

"Hä, warum nicht ??"

"Du kannst keinen Kartoffelbrei aus Äpfeln machen!"

Schallendes Gelächter. Na klar geht das nicht. Aber der Gedanke lässt mich noch nicht los. Jetzt bricht der kleine Astrophysiker in mir durch. Das wäre doch toll aus Materie A Materie B machen zu können.

Schnell schießen mir Bilder der vielen Raumschiff-Enterprise-Staffeln durch den Kopf. Die haben da einen computergesteuerten Nahrungsumwandler. Der macht alles. Wahrscheinlich schon im Basis–Modus kann der aus Äpfeln Kartoffelbrei machen.

Kapitän Picard sagt mit seiner selbst beim Simultanübersetzer tollen Stimme: „Computer, Earl Grey, heiß."

Dann macht es „piff, paff und es fiept ein paar Mal." Eine Tasse dampfenden Tees materialisiert sich. Genial. Ja, die Enterprisetechnik müssten wir schon haben.

Wir Erdlinge dürfen uns aber jeden Tag mit den Unzulänglichkeiten unserer Computer herumschlagen. Jeden Tag ist irgendwas kaputt an dem Ding.

Der Drucker druckt nicht, die Internetverbindung bricht zusammen. Mir scheint, das einzig Konstante im Universum ist das Nichtfunktionieren dieser Kisten.

Und schwups sehe ich eine Szene aus dem Film „Independence Day" in meinem Kopfkino. Da fliegen die beiden Helden in der Alien-Untertasse zum Mutterschiff und speisen einen Virus ein. Ich ahne, was sie denen geschickt haben! Eine Version meines Betriebssystems!

Und das Ergebnis war großartig.

Kurz danach flackert das Licht am Aliencomputer und **Fehlermeldung Error 304 67%&$,** schwerer Ausnahmefehler** erscheint auf deren Bildschirm.

Das kann keiner lesen, da es ja Aliensprache ist, aber das steht da. Und dann musste kommen, was immer kommt…

„SIE MÜSSEN IHR SYSTEM NEU STARTEN."

Während die Aliens das tun, werden sie von den Amis besiegt.

Zack. Die Welt ist gerettet. Wegen Windows. So hab ich das noch nie gesehen. Aber ehrlich. Die Technik dominiert uns doch schon. Da muss Cyberdine Systems in der Zukunft keinem Supercomputer Skynet die Kontrolle übergeben. Und da muss auch kein Terminator durch die Zeit zurückreisen um John Conners Geburt zu verhindern.

Die Computer und alles was Kabel hat, haben schon die Macht über uns übernommen. Jeden Tag.

Fliegen fliegen schnell.

Fliegen, Mücken, Stecher oder wie immer ihr zu den Dingern sagt. Mich nerven sie eigentlich nicht. Eigentlich! Klar, wenn sich ein fetter Brummer grad vom Komposthaufen um die Ecke auf meinen Erdbeerkuchen setzt oder in mein letztes, kühles Bier stürzt, bin ich da nicht sehr amüsiert. Dann sag ich laut: „Na, willst du den lieben Gott sehen?" … und helfe mit einem gezielten Schlag der Fliege ins Licht. Gibt's eigentlich einen Fliegenhimmel und wenn ja, dann auch einen für Spinnen, überfahrene Frösche und ans Fenster geflogene Vögel? Selbst wenn ich einen Baum fälle, stellt sich mir immer wieder mal die Frage… gibt's einen Baumhimmel? Das mit dem Fegefeuer wäre dann einfach. Da kommt nur das trockene Holz hin. Aber ich schweife ab.

Alle Fliegen dieser Welt hab ich aber vorgestern in ihre Hölle gewünscht. Weiß jemand von euch, wie schnell Fliegen fliegen können?

Mein Selbstversuch startete abends um 19.30 Uhr als die helle Scheibe am Himmel nicht mehr alles nieder brannte. Es war aber immer noch leicht über 30 Grad und so entschloss ich mit dem MTB (Bergfahrrad) in den schönen Spessartwald zu fahren. Im Wald ist es nicht nur dunkel sondern auch kühl. Das wissen auch die Fliegen.

Da mein Ausgangspunkt der abendlichen Radtour im Maintal liegt, muss jeder, der in den Spessart fährt, BERGAUF. Drei bis fünf Kilometer von 185 Meter auf ca. 450 Höhenmeter. Voller Elan geht es auf die Bergpassage und da steht auch schon der Schweiß auf meiner Stirn.

Mir fiel sofort ein Ausschnitt eines Winni Puuh Filmes ein, bei dem, was ich dann erlebte. Im Film klaut der Bär den Bienen den Honig. Klar. Und die sammeln sich dann und blasen zu Angriff. Tätätätät-tätäää. Los geht die wilde Jagd. Also mir war, als hörte ich auch ein Tätäääää. Ganz deutlich. Echt.

Eine Fliege, zwei, drei, ganz viele und immer so schnell, wie ich fahren konnte. Also beschleunigen. Klar. Männer beschleunigen. Kurz das mittlere Kettenritzel rauf und auf den Tacho geschielt, während ich siegesgewiss stärker trete. 10,3 km/h, 12,5 ;13,7. Mist, die Beine brennen nach 50 Metern und der Schweiß läuft noch stärker an mir runter. Mein

Tacho sagt 11, 3 und meine Lunge sagt „runterschalten". Toll. Was für ein Erfolg!

Noch hab ich drei Kilometer Bergfahrt vor mir, bin pudelnassgeschwitzt und kann das Tempo nicht mehr halten, aber alle Fliegen des Waldes wissen nun. Es gibt ABENDESSEN.

Und es kann nicht mehr entkommen!

Summ, brumm, Platsch. Ich schlag mir die Bikerbrille vom Gesicht beim Versuch, die Penetranteste von allen ins helle Licht zu schicken. Können Fliegen laut lachen oder spielt die Hitze mir einen Streich?? Um die anfängliche Frage zu beantworten: Eine durchschnittliche Spessartfliege fliegt bis ca. 12 Stundenkilometer munter nebenher. Wenn es schneller wird, dann muss sie abreißen lassen. Aber wie sagt schon der Erfinder des Spessarts? „Der nächste Anstieg kommt bestimmt." Bsssss. Platsch, aua.

01.07. Hitzewelle

Oahh, was für ein Datum. In genau sechs Monaten ist Neujahr. Ich muss meine Rockchristmas CD suchen und heut Abend zur größten Hitze das Wohngebiet beschallen. Im Winter hört das jeder, aber im Hochsommer hör ich das. Die Aufmerksamkeit aller Nachbarn ist mir gewiss und ich freu mich schon auf ihre Kommentare und die unverständlichen Blicke.

„Kann der nie Erwachsen werden?" Nee, ich glaub nicht!

Neujahr, das ist der Tag nach Sylvester. Assoziationen schlüpfen mir durch den Kopf. Das bedeutet also Völlegefühl, Kopfschmerzen und kalt. Endlich kalt.

Nach der letzten durchschwitzten Nacht wünsche ich mir ein wenig kalt und siehe da, die Zeitung, sagt dass es zum Wochenanfang kühler wird und sich ein seltsames Phänomen einstellen soll. Es wird Wasser in kleinen Tropfen von oben nach unten fallen. Wie haben die geschrieben?

Ja , genau. REGEN. Es soll Regen geben. Da bin ich mal gespannt. Aus meinem ersten Englischunterricht ist mir noch der Satz „it is raining cats and dogs" im Gedächtnis geblieben. Da muss ich grad dran denken. Denn momentan befinde ich mich nämlich mit Familie im Freibad um das noch schöne Wetter auszunutzen.

So ziemlich alle pubertierenden Mädels im geschätzten Alter zwischen 13 und 16 waren da auch auf dieser Wiese. Warum ich an regnende Hunde denken muss? Keine gewöhnlichen Hunde, sondern Möpse.

Was in aller Welt bekommen heutige 13 Jährige zu essen? (Meine Theorie dazu behalte ich an dieser Stelle für mich.)

Irgendetwas Wachstumsbeschleunigendes, das sich allerdings nur auf das Wachstum der oberen, äußeren Geschlechtsmerkmale beschränkt. Der unwichtige Rest wie z.B. Gehirnmasse, Anzahl der Synapsen darin oder die Qualität des Sprachausgabemoduls sind vom Wachstum komplett ausgenommen.

Und so laufen die „Maikäferli", so nenne ich diese Wesen, mit Oberweiten wie aus dem Allgäu und mit Kommunikationsniveau einer Stubenfliege haufenweise umher.

Sprachbeispiel:

„Hihihi, du isch hab echt übelst kein Bock mea auf blöde Schule!"

Da ich zur männlichen Spezies gehöre, zwingt mich mein Neandertalergehirn dazu, die Umrisse der vorbeilaufenden zu scannen und abzuschätzen. Ca. zwei Sekunden später funkt mein Gehirn an mich: „Kannst wieder ausatmen. Die ignorieren dich nicht mal mehr."

So traurig das auch klingt. Es ist die Wahrheit.

Solange ein Mann mittlerer Anziehungskraft Ende 20 ist, schaut die Maikäfergeneration noch zu ihm hin.

Ab Mitte 30 wirst du ignoriert. Also es gibt noch eine Reaktion auf dein Erscheinen. Aktives Wegschauen!

Aber mit Anfang / Mitte 40 bleibt sogar das aus. Du wirst nicht mal mehr bewusst ignoriert, du existierst einfach nicht mehr. Du bist Luft. Und das schlimme für uns Männer ist ja, dass wir uns immer noch wie Mitte 20 fühlen und oft genug auch benehmen. Gerade wenn die Maikäferli in der Nähe sind.

Meine Frau quittiert das bei mir mit einem bestimmten Blick. Ich kann den nicht beschreiben. Er ist einfach da und ich verstehe, atme wieder aus, leg mich wieder ruhig hin und versuch meinerseits die Allgäukulisse zu ignorieren…was nicht gelingt.

Hab ich schon erwähnt, dass Männern in meinem Alter beim Betreten eines Freibades mit der Eintrittskarte ungefragt eine große, verspiegelte Sonnenbrille überreicht werden müsste?

Aber im Ernst. Anschauen ja, anfassen nein. Ich glaube, nach zwei Stunden (wenn meine Wörters escht so lange raischen) Gespräch mit einer aus der Käferfamilie, hätte ich bestimmt Beulen am Schädel, weil ich mir seit 90 Minuten mit einem harten Gegenstand an den Kopf gekloppt hätte. Aber auch die Pubertät geht mal vorbei. Außer bei Männern.

Wie schnell können eigentlich Maikäferli fliegen und könnte ich denen bergauf entkommen oder wäre ich hilflos ausgeliefert. Ein schöner Gedanke….

03.07.　Mahlzeit

Schon als Kind musste ich verwundert und erstaunt die Essens- und Kaffeeklatschgeschichten der Onkels und Tanten bei den Familienfeiern und diversen Geburtstagen erleben. So etwas prägt.

Es war mir damals und auch noch heute ein Rätsel, wie man genüsslich in ein Fleischstück beißen oder ein Stück Sahnekuchen verputzen kann und sich parallel dazu angeregt über Onkel Hermanns offene Beine oder Krebsgeschwüre unterhalten kann? Unglaublich. Sofortiger Würgereiz, völliger Verlust meines Appetites sowie ekelerregende Bilder in meinem Kopf sind die Folgen bei mir.

So war das vor 30 Jahren und so ist das heute auch noch. Aber meine Umgebung ignoriert meinen Wunsch nach sauberem, ekelfreiem und assoziationsneutralem Nahrungsgenuss. Auch meine Schwiegereltern fallen, obwohl noch nicht im fortgeschrittenen Alter, immer wieder in dieses Ritual der verbalen Nahrungsverunstaltung.

Wir sitzen am Schnitzeltag im Campingplatzrestaurant. Alles ist perfekt. Lauer

Abend, kühles Bier, die Kinder sind zufrieden und die Bestellungen kommen gerade. Mhmm, lecker, alles da. Die Kässpätzli, das Wiener Schnitzel und auch ein Rahmschnitzel lächeln mich einladend an: „Iss mich, ich bin dafür gemacht."

Und so wollen wir die Schöpfung unseres Herren nicht respektlos behandeln und essen die dargebrachten Speisen voller Hingabe. Der Gesprächsverlauf war erst in normalen Parametern. Von „Wie sind deine Pommes?" bis „Sind die Käsespätzli lecker?" und diversen, mit vollem Munde genuschelten Antworten, nur unterbrochen von erfrischenden Ah´s und Oh´s, nachdem ein Schluck kühlen Bieres im Rachen verschwunden war. Das war alles.

Dann, als wir fast fertig, mein Hunger schon weg und von seinem kleinen Bruder Appetit ersetzt worden war, kam das Gespräch auf eine mir unbekannte Person: „Wie geht's denn XY?"

„Oh ja, nicht gut. Der wurde geschnitten." Schon das Wort drang jäh und brutal in meine Sinne ein. Geschnitten!! Blut spritzte vor meinem inneren Auge, als Kehlen durchgeschnitten wurden und gurgelnd das noch warme und dampfende Blut herauspulsierte. Geschnitten! Geräusche einer bekannten Duschszene hämmerten im Tecnobeat gegen mein Trommelfell.

Sofortiger böser rundum Blick an alle mit dem Thema Beschäftigten. „Ja, wild blicken, das konnte mich noch retten", dachte ich. Hektisch gestikulierend wollte ich also böse schauend eine weitere Ekeleskalation unterbinden. Doch ich deeskalierte zu spät.

Völlig blickresistent wurde das Gespräch im Flüsterton zu Ende geführt. Ich hörte **das Wort**, es war Perfekt für ein Gespräch unter Ärzten aber NICHT hier, wenn ich esse. Es drang in mein Gehirnareal, in dem meine Wort-Bild-Verknüpfungen stattfinden.

KEHLKOPFKREBS.

Und dann waren sie da, die Bilder, und ich starre auf das Fleischstück auf meiner Gabel, eben noch lecker und jetzt aus Krebsgeschwürglibber bestehend.

Warum???? Es war so köstlich und ich hätte es auch gern mit Wonne gegessen, aber stattdessen. Kehlkopfkrebs!

Eine Woche später wurde dieses Gespräch noch weit überboten. Nach dem wir Tintenfischringe mit Weißbrot gegessen hatten, kam es aus heiterem Himmel über mich! Meine Tischnachbarin unterhielt sich mit meiner Frau. Erst belanglos, mich in Sicherheit wiegend. Dann gnadenlos. Innerhalb eines Satzes fiel das **absolute Unwort.**

AUSGESCHABT

Es handelte sich also um eine Frauensache, schoss es mir durch den Kopf und dann kamen auch schon leise lachend die Bilder und überfluteten meinen Geist. Ich starrte ungläubig auf die Reste der Tintenfischringe und war dem Erbrechen näher als dem Schreien.

LIEBE MENSCHEN AN DEN TAFELN UND TISCHEN UND THEKEN DER WELT:

Das Rauchverbot haben wir grad bekommen, aber ich glaube, wir brauchen ein neues Volksbegehren! Geschwürverbot. OP frei für alle Nichtekler! Ekelfrei! Schützt die Nichtekler. Ekler müssen draußen bleiben.

Dann lieber am Nebentisch einer, der sich eine Zigarette reinzieht als „Ausgeschabt" im Kopf zu haben. Ober, zahlen!

04.07. Volkes Stimme.

Wo wir gerade so lustig von Volksbegehren und Stimmabgabe (wer seine Stimme abgibt, hat nichts mehr zu sagen) orakeln, muss ich noch schnell eine Begegnung mit der puren Dummheit loswerden.

Der Kontakt mit dieser Spezies war nicht direkt, sondern es drangen nur Gesprächsfetzen an mein Ohr. Vorausgegangen war, dass ich mit meiner Frau darüber uneinig war, ob wir nun unsere Stimme für den Nichtraucherschutz abgeben oder ob wir gar nicht zur Abstimmung gehen.

Nach langem hin und her, abwägen aller Argumente, heraufbeschwören sämtlicher Szenarien, wenn wir unserer Wahlpflicht nicht nachkämen, und einer bewussten Entscheidung für unsere Stimmabgabe kam, es zum Wahlakt. Ich dachte auch, dass meine Stimme, mein Kreuz auf dem Zettel, irgendwie wertvoll sei. Doch die Wahrheit sieht anders aus. Meine Stimme ist nur dazu da, die absolute Dummheit dieser Welt um genau eine Stimme zu verringern. Hier der Originalton vom Nachbartisch auf dem besagten Fest.

„Mia woan oh wähle."

Wir waren auch wählen.

„Wos hosten ohgekräuzt?"

Wo hast du dein Kreuz gemacht?

„Des mit Naa, weil mia die Raacher nit welle!"

Bei NEIN. Weil ich gegen das Rauchen bin.

„Do heste abber Ja ohkreutze müsse!"

Dann hättest du aber JA ankreuzen müssen.

„Escht, noja, jetzt isses eh woscht." Wirklich?
Nun ja, jetzt ist es ja doch zu spät.

„Mein mooh hot mia gsoht, isch soll des Kreuz bei naa mache!"

Mein Mann sagte mir, ich solle das Kreuz bei NEIN machen.

„Heste halt emol nit uffen ghöat."

Hättest eben diesmal nicht auf ihn hören sollen.

Angst, Stille, nur das Rauschen des Blutes in meinen Schläfen. Oh Nein. Meine mit so viel Hirnschmalz abgegebene Stimme ist nicht mehr Wert, als ein Eichhörnchenfurz, weil irgendwelche Halbhirnis zu blöde oder faul sind, die drei Sätze auf dem Abstimmungsschein zu lesen.

Meine Stimme wurde beschmutzt, besudelt und herabgestuft auf den Level der Hirnlosen. Ich bin resigniert und werde beim europäischen Gerichtshof, der UNO, der FIFA und dem ADAC einen Wählerführerschein anmahnen. Nur wer ansatzweise hell auf der Platte ist, darf seine Stimme abgeben. Die Prüfungsfragen überlege ich mir noch! Gerade fallen mir Szenen aus längst vergangenen „Wetten, dass..?" Sendungen ein.

Die Wette wurde folgendermaßen formuliert: „Wetten, dass Sie es nicht schaffen, mit dem Kopf vorneweg durch dieses Nadelöhr zu springen...", oder so ähnlich. Die Kandidaten mussten dann JA oder NEIN einloggen.

Es gab eine 10-minütige Diskussion, ob auf die Aussage „ich wette, dass sie es nicht schaffen..." mit JA oder NEIN geantwortet werden solle, wenn man dieser Aussage zustimmt.

Von daher bewegten sich meine Tischnachbarn auf dem Niveau von Wettkandidaten.

Das beruhigt zumindest etwas. Wenn es einen Stimmenhimmel gibt, dann hoffe ich, dass meine Stimme dort ist und es ihr gut geht. Ich glaube bei der nächsten Wahl kreuz ich den Kandidaten oder die Partei mit dem lustigsten Namen an. Oder die ganz unten steht, oder alle, oder ich mal ein Bild drauf.

Demokratie ist nicht einfach.

7.7. Kuckuck. Arschloch.

Was da klingt wie eine Schlagzeile auf der Titelseite einer bekannten Volkszeitschrift ist tiefgründig und voller Weisheit. Jetzt hört man sie wieder, die Kuckuck-Rufe. Bei uns am schönen Spessartrand gehört neben dem Gurren der Wildtauben und dem Dröhnen der Flugzeugturbinen (wir liegen im Einflugsdelta von Frankfurt) auch der Ruf dieses Waldvogels zur Geräuschkulisse. Nun die Story dazu, warum ich seit fünf Jahren immer wenn der Kuckuck ruft an „Arschloch" denken muss.

Mein Bruder und Nachbar stand an besagtem Tag vor fünf Jahren bis zu den Hüften im selbst per Hand ausgegrabenen Fundament. Die Mauer darauf soll die Stützmauer seiner Gartenanlage werden. So ist das, wenn man eine kleine Hanglage sein Eigen nennen darf. Du buddelst dich jahrelang in die Tiefe und versenkst tonnenweise Beton im Erdreich.

Während er das alles im Schweiße seines Angesichtes tat, kuckuckte es ununterbrochen aus dem nahegelegenen Wald. Stundenlang. Bis ihm der Kragen platze. Also meinem Bruder.

Dann schrie er in die vermeintliche Richtung des Vogels. Er drohte dabei wild mit dem Stil der Schaufel und seine Gesichtsfarbe war recht ungesund!

„Jaaa, ich weiß was Kuckuck, Kuckuck heißt! Das heißt Arschloch, Arschloch!"

„Der da (er wandte sich jetzt schreiend an mich, weil ich zufällig in der Nähe stand), der Kuckuck vögelt wie wild jedes Jahr in der Gegend herum, legt die Eier in ein fremdes Nest und sitzt da oben auf dem Ast und lacht uns aus. Wir bauen ein Haus, haben Kinder und müssen den Rest des Lebens malochen."

Ich starr ihn ungläubig an.

„Hör doch was der schon seit Stunden ruft! Arschloch, Arschloch. Und er hat auch noch Recht!"

Philosophisch betrachtet hält uns der Kuckuck einen Spiegel vor, der uns die Sinnlosigkeit unseres Tuns mit großer Kraft und Brutalität vor Augen führt. Arschloch. Ja, ich höre das seit diesem Tage nur noch aus dem Wald gegenüber.

Ich stell mir den Vogel vor, wie er da auf seinem Ast sitzt. Wild, sorgenfrei, vogelfrei und sich über uns Menschelein lächerlich machend. Kuckuck….

Und jedem, der irgendwann einmal am Ende seiner Kraft und Lust tief in der selbstgegrabenen Senke des Lebens steht, dem wird es ab jetzt in den Ohren klingen.

„Arschloch!"

09.07. Streng Geheim

Jetzt ist es soweit. Irgendwie unbemerkt im Trubel der WM 2010 hat Deutschland die Macht und Herrschaft über die restliche Welt erlangt.

Da sowieso alle mit Deutschlandfähnchen umherhüpfen, konnte dieser weltweite Putsch ohne Aufsehen zu erregen und unblutig gelingen. Genial. Es kann nur so gewesen sein. Wie ich darauf komme?

Beim Durchblättern der Zeitung und Werbeprospekte wirbt heute, an diesem denkwürdigen Tag der Weltherrschaft die Handelskette REWE mit **Kirschen aus unserer Region. Kilopreis 3.99 €. Süßkirschen aus der Türkei mit dem Namen „Napoleon".**

Das ist echt starker Tobak. „Napoleon, wie passend", denke ich bei mir und überlege, ob sie den Salat aus Polen evtl. „Adolf" genannt haben. Schnell verwerfe ich die bösen Gedanken und schaue noch mal auf die türkischen Kirschen aus unserer Region.

„Premiumqualität" prangt da auf dem Bild. Müsste da nicht „Korrekt Prömiüm" stehen?" Sie sind ja schließlich türkisch. Oder ist das so wie beim Portugieser Rotwein aus Rheinhessen? Das hat auch nichts mit Portugal zu tun. Und so schlussfolgere ich, dass die weltweite Machtübername doch nicht geglückt ist und es irgendwo in Deutschland ein Kirschenanbaugebiet mit dem schönen Namen „Türkei" geben muss.

Meine Recherchen im Internet nach diesem Ort in Deutschland blieben bisher erfolglos.

Aber vielleicht hat das alles auch was mit den Amerikanern zu tun. Die sind immer schuld!

Die können jetzt meine Banküberweisung in aller Ruhe durchlesen, die kontrollieren die GPS-Satelliten und die sind auch dafür verantwortlich, dass niemand diesen geheimen unterirdischen Stützpunkt in Deutschland kennt. Oben drauf wachsen zur Tarnung Kischbäume. Viele korrekt krasse Kirschbäume.

Und wenn die Kirschen reif sind, dann kommen sie als Kirschen aus der Region in den Handel. Die Erntehelfer sind russische Doppelagenten, die uns in Deutschland ausspionieren sollen. Wahrscheinlich, ob BP bei uns Bohrungen durchführen kann oder um herauszufinden wo der geheime blaue Stoff für Jogis Pulli hergestellt wird.

REWE ist nur ein Kürzel für diese streng geheime Organisation. Das ist nur eine Theorie von mir. Ich komm noch drauf.

11.7. Midlife

Wenn es draußen so heiß ist wie momentan, dann sitzen meine Jungs des Öfteren im Haus, wo es ein kleines bisschen kühler ist.

Und dann vor der Spielekonsole oder dem Fernseher. Als ausgebildeter Papa versuche ich natürlich, dass sie nicht jeden Müll anschauen. Aber auf den „Kinderkanälen" läuft entweder Yu-Gi-Oh Zeugs oder Simpsons im Wechsel mit Spongebob.

Die Simpsons sind Kult. Der kritische Unterton in Richtung american way of life ist immer ein gutes Argument für Erwachsene, die Simpsons anzuschauen. Kritische Blicke oder laute Kritik wie z.B. „Jetzt schaust du auch noch Kinderfilme an", kann man sehr gut mit dem Argument, das sei offene Gesellschaftskritik am amerikanischen System wegwischen!

Da lob ich mir doch die Serien meiner Kindheit. Der Rosarote Panther, Tom und Jerry, ein Colt für alle Fälle. Ganz früher noch Krimiserien wie Kojak und die unvergessenen Straßen von San Fransisco. Das A-Team, Trio mit 4 Fäusten und Mc Gyver lehrten uns, wie man aus einer Kugelschreiberfeder und einem Stück Holz eine Massenvernichtungswaffe baut.

Im Grunde genommen haben wir früher den gleichen Mist angeschaut und erdreisten uns heute unsere Kinder zu maßregeln. Ne, ne, ne. Letztes Mal bin ich sogar recht begeistert von der AVATAR Serie gewesen, obwohl ich mit den Yu-Gi-Oh Karten nie etwas anfangen konnte. Oder verwechsle ich da etwas. Auf alle Fälle haben meine Jungs diese Karten noch vor ein paar Jahren gesammelt, als würde die Welt morgen untergehen. Aber niemand konnte mir sagen, wie man damit spielt und warum ein Stein-Feuer-Monster 3 goldene Feuerpunkte hat und damit das Maschinen-Schredder-Dings schlägt!?

Früher, also damals eben, hatten wir auch Quartett-Karten. Da waren Düsenjets, Panzer, Rennwagen oder Flugzeuge und Schiffe drauf. Und dann hattest du die bessere Karte, wenn du mehr Gipfelhöhe, PS oder Bruttoregistertonnen als dein Mitspieler hattest. Ganz einfach eben. Erinnert sich irgendjemand noch an die Heidi oder Biene Maja?

Das waren noch gute deutsche Serien. Pustekuchen! Das wurde alles in Fernost gezeichnet. Unglaublich. Aber wahr. Letztens kam wieder so eine hektische asiatische Zeichentrickserie und da sahen alle so aus, wie der Großvater oder der Geisenpeter. Echt. Riesige Kulleraugen und die Gesichter, als hätten sie die alten Vorlagen im Schrank gefunden und eine neue Serie damit produziert.

Catweazle und seine Kröte Kühlwalda lebten in meiner Jugend in einem Wasserbehälter im Wald und die fünf Freunde lösten immer neue Abenteuer. Ich würde gerne mal wieder die Serien aus den 70ern und 80ern anschauen. Mit Wehmut und allem was dazugehört. Aber die Welt dreht sich weiter. Ich glaub, ich hab grad die Krise. Die „Mitten im Leben – Krise", wo du merkst, dass du alt wirst. Die Waltons und Lassie, Bonanza und Flipper…oder Percy Stuart… das waren noch Zeiten. Die guten Alten!

13.07. Spielegott

Ungeschlagener Meister im Arcarde-Spiel „Asteroids" mit 85340 Punkten. Beherrscher des C 64, der Datasette und des Turbo-Tapes.

Dann nannte ich die PS1 mein Eigen. Legendäre Schlachten bei Tekken, Helikoptermissionen bis zum Abfaulen des Daumens und alle Rennspiele wurden in Bestzeit durchgefeuert. Warum ich das alles aufzähle??

Weil es mir heutzutage nichts mehr nützt!

Mein Sohn hat mein abgelegtes Handy 20 Minuten in den Händen und das verdammte Ding kann 25 Sachen, die ich in den letzten zwei Jahren nicht einmal in dem kleinen Kasten vermutet hätte. Er hat auch eine Spielekonsole. Und darauf wird mit Vorliebe Fußball gezockt. Als alt gedienter Gamer musste ich mich natürlich dieser Herausforderung stellen. Immer noch im Hinterkopf, dass ich vor zwei bis drei Jahren absichtlich gegen meinen Sohn verlieren musste, um bei ihm keine Wutausbrüche hervorzurufen. Also, nun war es dann soweit. Fußball musste es sein.

„Papa, soll ich dir die Tasten erklären?".

„Pah, ich bin ein alter Playstationgott. Ich brauch keine Erklärung. So etwas hat man im Blut."

So ähnlich muss meine Antwort gewesen sein.

Nach dem 4 : 0 für ihn am Ende der ersten Halbzeit erklärte er mir geduldig die Tastenkombinationen.

Flanken, Stoppen, Schießen, Passen… Spieler wechseln... ähm, wo war noch mal Flanken?

Das Spiel endete 6 : 0 und alle weiteren ähnlich.

Keine Chance. Null. Nada. Nicht einmal ansatzweise. Immer, wenn ich mal den Ball hatte, wusste ich die Tasten nicht mehr. Oder mein Spieler war immer fünf Meter vom Ball weg. Ich hatte das Gefühl, dass er mich absichtlich nicht vom Platz fegte, sondern nur „Halbgas" spielte.

O.K. Autorennen. Da bin ich Meister!!

Die modernen Rennspiele haben mit den Rennspielen von früher leider nicht mehr viel zu tun. Neben einem Rennen in der Stadt (verdammt, wo muss ich denn überhaupt hin?) soll ich mich auch noch gegen die Polizei, Gangster und sonstige Gegner erwehren und Bonuspunkte einsammeln, mit dem Nitro (neumodiges Zeug) sparsam umgehen, auf die kleine Karte am Bildschirm links unten schauen und PAFF... ich hab mein Auto mal wieder an einen Brückenpfeiler gesetzt, bin verhaftet worden und natürlich letzter.

Verzweiflung pur. In meinem Inneren tobt der Wahnsinn. Und als mein Sohn fragt, ob er auf Anfängermodus stellen solle, fliegt das Pad in die Ecke. Ich hatte nicht einmal die Chance auf diese vermaledeite Karte zu schielen, weil ich alle Konzentration zu Fahren brauchte.

Mein Sohnemann fährt die Strecke in Bestzeit, sammelt alles ein, was Bonuspunkte gibt, entdeckt noch eine geheime Abkürzung und erklärt mit seelenruhig, dass auf der Karte dieses oder jenes zu sehen sei. Alles gleichzeitig!

Gestern hab ich meine alte PS1 gesucht. Meine alten Spiele lagen daneben und heute Abend, wenn alle im Bett sind, dann fahr ich mal wieder Rennspiele, bei denen man einfach nur fahren und keinen Multiple-Choice-Test nebenbei machen muss.

Ich komm eben noch aus einer Zeit, als die Musik noch schwarz-weiß war und die Dinge einfach. So, wie es sein soll!

15.07. Nicht fürs Leben lernen wir.

Mein Kleiner hat sich am Wochenende bei einem Zeltlager des ortsansässigen Fußballvereines einen Sonnenstich geholt. Gut. Fußballparcours und Wettkämpfe bei 37 Grad in der Mittagssonne fordern ihre Opfer!

Von Freitag bis Sonntag. Dann war Ende. Ein Anruf, und wir durften unseren kotzenden Jungen abholen. Deshalb brauchte er von Montag bis Mittwoch nicht in die Schule gehen. Da verpasst er momentan sowieso nichts. Und mit nichts meine ich auch nichts.

Er ist in der 4. Klasse unserer Grundschule. Und ich gehe jetzt einfach davon aus, dass unsere Grundschule ein Paradebeispiel für alle deutschen Grundschulen ist. Dort passiert, zwei Wochen vor den Sommerferien nicht mehr viel!

Das ist so, auch wenn alle Lehrer, Kultusminister und sonstige Sympathisanten unsers Schulsystems jetzt jäh aufschreien. „Verrat", brüllen sie. Klar. Dessen Brot ich ess, dessen Lied ich sing!

Vor zwei Wochen, also vier Wochen vor den Sommerferien in Bayern, gab es eine Mischung aus verkürztem Unterricht, Bundesjugendspielen, Sportfest (bei 38 Grad in der Mittagshitze) und Wandertag. In der nächsten Woche sind ein Theaterbesuch und die Abschlussfeier geplant. Der Rest ist Zeit absitzen. Unglaublich.

Wenn man einige Jahre als Lehrer die immer gleichen Fächer in immer den gleichen Jahrgangsstufen unterrichtet, dann brauchst du keine Vorbereitung mehr.

Einfach die Folien aus dem letzten Jahr kopiert, neues Datum drauf und fertig.

Die Fortbildungen werden natürlich nicht in die Ferienzeit, sondern zufällig in die Schulzeit gelegt. Mit allen Ferientagen zusammen kommen so unsere Lehrkräfte auf gefühlte 21 Wochen Urlaub.

Mein Lehrer auf der Technikerschule sagte einmal im Spaß (ich hab den Verdacht, das war im Ernst) zu mir, dass er in den Sommerferien den Nachbarn erklären muss:

„Nein, ich bin nicht arbeitslos. Ich bin Lehrer!"

Ja, das wäre ein Berufswunsch. Im Sommer Lehrer und im Winter Maurer. 300 Tage am Stück frei.

Wer sich in Bayern gegen das Schulsystem, bestimmte Übertrittskriterien auf die Realschule oder bestimmte Lehrer stellt, fühlt sich wie der Typ, der gegen die Windmühlen gekämpft hat.

Don Quijote und sein treues Pferd Rosinante. Es hat sich seit 400 Jahren nichts geändert. Also immer versuchen, dass die Jungs irgendwie durch diese Schulzeit kommen.

Aber ist es das? Ist das unser Anspruch, den wir noch an die Ausbildung unserer Kinder haben? Durchkommen!?

Wenn dann kurz vor Weihnachten oder vor einer Bundestagswahl unsere Volksvertreter wieder mit dem Brustton der Überzeugung und leise säuselnder Stimme von den „Kindern als unser höchste Gut oder Ausbildung ist Investition in unsere Zukunft" schwafeln, dann bitte ausschalten. Einfach auf den roten Knopf der Fernbedienung drücken. Wie das Peter Lustig am Schluss von Löwenzahn immer sagt. Abschalten. Wenn denen in Berlin irgendwann klar werden sollte, dass sie sich ein neues Volk wählen müssen, dann könnte sich was bewegen. Erst dann.

Bis dahin… vorwärts Rosinante, lass uns die Riesen bekämpfen.

„Und er setzte sich auf sein Pferd und ritt in alle vier Himmelsrichtungen davon."

Nachschlag zum ... IRRSINN IM LANDE.

Im Radio wurde folgende Meldung verlesen!

„Teile des Sparpaketes der Bundesregierung sehen einen Aufschlag bei Flugreisen vor. Für Kurzstrecken 13 € und für Langstreckenflüge 26 €. Außerdem soll jeder gesetzlich Versicherte pro Arztbesuch bezahlen." Nachdenken Simon... was hat der Sprecher gerade gesagt?

„Teile des Sparpaketes?"

Unglaublich, ich bin fassungslos und nur noch ein dem Irrsinn nahekommendes, heiseres Lachen kommt aus meinem trockenen Hals.

JA, spinnen die denn? Wenn die damit durchkommen und der IQ des Deutschen Volkes wirklich so tief ist, dass wir das alle kommentarlos schlucken, dann haben wir keine bessere Regierung verdient. Ich will meine Wut gerne in einem bildhaften Beispiel verdeutlichen.

Die Burgherren vor vielen 100 Jahren merkten, dass durch ihren opulenten und verschwenderischen Lebensstil die Schatzkammer nicht nur leer ist, sondern sie sich stark verschuldet hatten. Leider wurde das Gold mit vollen Händen rausgeworfen, verzockt, als alte Kriegsschuld anderen Ländern gegeben oder für rauschende Feste und große Paläste hinausgeworfen.

Außerdem wollte jeder der 16 Stammesfürsten, welche die Ländereien unter sich aufteilten, eine eigenes Beamtentum, Verwaltung, Schul- und Gesundheitswesen und sonstige tolle Dinge haben. Jeder einzelne. Natürlich auch seinen eigenen Palast! Keiner der Bauern verstand dies zwar, aber sie durften brav ihren zehnten Teil (den sog. Zehnt) abgeben.

Nun kamen die Herrschenden also zusammen und beschlossen ein Sparpaket!

Und als Ergebnis verkündeten Sie, dass die Bauern nun nicht mehr nur 10 % ihrer Habe abzuliefern hätten sondern 20 %. Da spart es sich doch leicht! Aber nur wenn du auf der richtigen Seite der Burgmauer wohnst.

Die Feste, die Wetten, das Verprassen und die Gelage gingen natürlich weiter. Die armen Bauern sollten eben ein wenig mehr abgeben und den Herrschern nicht mit Gewimmer oder Widerworten den Tag vermiesen. Diese beispielhafte, bildhafte Geschichte ist natürlich nur erfunden. Eine schlechte, unglaubwürdige Fiktion im besten Falle. So etwas würde doch in unserer aufgeklärten, demokratischen Welt niemals geschehen.

Eine solche Geschichte würde im Märchen folgendermaßen enden. Ein tapferer Bauer ruft die geschundenen und betrogenen Bürger zur Gegenwehr auf. Sie formieren sich, bekämpfen die üblen Herrscher und jagen sie aus dem Lande. Der tapfere Bauer und seine schöne Partnerin heiraten in der Schlussszene, regieren gerecht über das Volk und alle sind glücklich. Na, dann wäre es mal wieder höchste Zeit für einen Helden!! Wo ist Robin Hood, wenn man ihn braucht?

18.7. Von Erzengeln + Modenschauen.

Es begab sich nun zu einer Zeit an einem Freitag, den 16. Julei im Jahre des Herrn. Wir brachten unseren ältesten Sohn zur Spendung des Sakramentes der Firmung. Nun, was passiert hier.

Der gebildete Mittvierziger erinnert sich noch vage an den Religionsunterricht vor 35 Jahren und an Bilder voller Flammen, Wolken und Strahlen. Genau. Der heilige Geist kommt herab. Natürlich ist dies nur ein schönes Bild aus einer Zeit, da das Volk noch des Lesens und Schreibens unkundig war.

Beginn der Firmung war elf Uhr. Und so machten Sie sich auf und ein jeder ging hin zur Kirche. Wir waren um 10 Uhr und 5 Minuten dort. Nein, nicht auf dem Parkplatz oder in der Nähe. Wir waren in der Kirche und…die Ersten.

Schon schossen mir diverse Sprüche wie: „Die Ersten werden die Letzten sein", oder „Hier geht's zur Kreuzigung, bitte jeder nur ein Kreuz", durch den Kopf. Gut, wir hatten die freie Platzwahl. Nein, das ist nicht ganz richtig.

Es waren zwar noch alle Plätze leer, aber nicht alle frei. Die ersten 6 Bankreihen waren reserviert für die Firmlinge mit Firmpaten.

Klar. Das ist auch in Ordnung so. Wäre ja noch schöner, wenn der heilige Geist in einen „Nichtfirmling" hinein fährt! Oder der Geist sich aus dem Durcheinander in der Kirche erst die Firmlinge heraussuchen müsste. Nun strömten langsam die ersten Familien in das Gotteshaus und das Kirchenschiff füllte sich zusehends.

Erzengel, so war mein erster Gedanke. Ich glaube diese Frauen gibt's in jeder Gemeinde. Fleißige, immerwährend vergeistigt dreinschauende Frauen, die dem Pfarrer oder Diakon bei der Gottesdienstgestaltung zur Seite stehen.

Immer mittleren Alters und sehr wichtig. So schauen sie auf jeden Fall den an, der es wagt die Ordnung im Gotteshaus zu durchbrechen. Ich Chef und du Wurm. Das sagten ihre Augen, als sie, leicht genervt, aber mit aufgesetztem Lächeln, an uns vorbeirauscht.

Ziel ihres Walking-Einsatzes quer durch die Gänge waren Firmlinge und Paten. Es war nicht nur geregelt, dass in den ersten Bänken dieser Personenkreis zu sitzen hatte, sondern auch noch in welcher Reihenfolge!! Ganz vorne saßen diejenigen, die etwas im Laufe der Firmfeier vortrugen. Gut. Dann aber wurde es peinlich. Eine ganze Reihe Firmlinge und Paten mussten aufstehen und sich in exakt der Ordnung hinsetzen, welche das Erzengelchen für richtig hielt.

Erwachsene Menschen die im Privatleben oder Berufsleben höchst verantwortliche Tätigkeiten ausübten, waren (ihrer Ansicht nach) urplötzlich nicht mehr in der Lage zu entscheiden, ob sie nun in der Reihenfolge

„Pate-Firmling-Pate-Firmling"

oder einer davon abweichenden Reihenfolge sitzen konnten.

Hauptsache ist doch, wenn die Pärchen aus Paten und Firmling vor dem Bischof stehen, dass sie dann richtig stehen. Das Sitzen ist doch eher nebensächlich! Oder?

Also, eine Reihe wurde aufgescheucht, Tumult, Kopfschütteln, Bücher fallen von den Bänken und Handtaschen wurden herumgereicht…bis endlich wieder Ruhe in die Bankreihe einkehrte.

Dann wurden von Erzilein (so nannte ich die Gouvernante nun) von vorne mittels Blick,

Fingerzeigen und Kopfnicken die ihr bekannten Personen in die jeweiligen Bänke und auf die richtigen Plätze dirigiert.

Das alles machte es ein wenig kurzweiliger, denn ich musste ja eine geschlagene Stunde herumbringen, bevor der eigentliche, 2-stündige Firmgottesdienst begann. Mein Blick schweifte ab, denn Erzilein langweilte mich.

Modenschau und Körperscanner. Das waren die Begriffe, die mir nun einfielen.

Kaum trat eine neue Besucherin den Weg auf der Suche nach einem freien Platz durch die Gänge der Kirche an, sogleich ruckten die Köpfe meist weiblicher und schon sitzender Besucher in deren Richtung. Phantastisch, in welch kurzer Zeit sich die Gesichtszüge der scannenden Frauen verändern konnten. Der Kopf zuckt herum, dann fester und böser Blick, scannen der Person vom Kopf bis zu den Beinen, Entspannung und freundliches Grüßen wenn die Gescannte eine oder zwei Kleidergrößen mehr hatte.

Aber wehe, wenn die „Neue" eine Gefahr für die schon Sitzende darstellte. Todbringende Blicke, die selbst die Hüllenpanzerung der USS Enterprise mühelos durchdrungen hätten. Die Gründe hierfür erschließen sich mir noch nicht ganz aber es könnte mit folgenden Dingen zu tun haben.

Kurzes Kleid, toller Busen, neue Frisur, Männer schauen zur Neuen, ihr eigener Mann schaut auch, die Neue grüßt als erstes und erwischt die „Scannende" noch im Stadium des „Neidvollen Blickes" oder des „lästerlichen Schauens" mit dummem Gesicht...

Die dann Erwischten wechselten ihre Wangenfarbe von überheblich Rosé zu peinlich Rot. Das war ja schöner als Fernsehen.

Die Mädels von Desperate Housewifes waren alle Waisenkinder gegen dieses „hyänische Hausfrauenballett!"

Ein offener Feldversuch der Scheinheiligkeit lief keine fünf Meter neben mir ab. Genial. Bei der nächsten Firmung gehe ich auch wieder hin, selbst wenn keines meiner Kinder gefirmt wird.

Die sollten Eintritt verlangen. Und schon wird mir klar, warum es die Kirchensteuer noch gibt. Das ist der Eintrittspreis fürs Kirchen-Kabarett.

Und es ist jeden Euro wert!

19.07. Geo ..was ??

Geocaching. Neudeutsch für Schnitzeljagd mit Satellitennavigation.

Heutzutage muss natürlich alles ins Englische umgetauft werden und mit GPS zu tun haben, um den Ansprüchen der Gesellschaft an Outdoor-Activities zu genügen.

„Wieder so ein neumodisches Zeug", hab ich mir gedacht als mein Nachbar Peter mir vor einiger Zeit davon erzählte. Zu meinem Nachbarn Peter kurz einige Hinweise und Erklärungen.

Biologisches Alter etwas über 60. Äußerliches und innerliches Alter höchstens Anfang 50. Früherer Triathlet, Bergradlfahrer, Schwimmer. Er besitzt mindestens sechs verschiedene Grills und Öfen für die Befeuerung seiner Terrasse. Grillt gerne bei Tiefschnee zur Verwirrung derer, die ihn nicht kennen.

Sobald sich am Trendmarkt ein solcher abzeichnet befindet sich das dazugehörende Gerät in seinem Besitz. Also dieser Peter macht NATÜRLICH auch Geocaching. Und bei einer Feier auf seiner beheizten Terrasse infizierte er mich mit dem Virus.

Mittlerweile habe ich gestern meinen ersten eigenen Cache (versteckten Schatz) im Erdboden versenkt und die Koordinaten notiert. Jetzt muss ich nur noch auf der Internetseite für Geocaching das Versteck registrieren lassen und dann kann jeder „Schatzsucher" mit einem Navi-Gerät in unser schönes Collenberg kommen und schauen, ob er es findet.

Natürlich hat Peter schon vier Caches versteckt. Und als er davon erfuhr, dass ich meinen ersten legen will, hat er noch mal vier oder fünf Stück versteckt. So ist Peter.

Um komfortabel in allen Herren Ländern herumreisen zu können, hat Peter ein Monster von einem Wohnwagen angeschafft. Ich muss nicht erwähnen, dass er über alle möglichen technischen Spielereien verfügt. Natürlich.

SAT-Schüssel, Klimaanlage, Fußbodenheizung und das Größte ist die Fernsteuerung zum Rangieren. Echt. Das gibt es. Das Wohnwagengespann fährt auf den Campingplatz. Abstellen, abkoppeln, aussteigen und die Fernbedienung zücken… WARTEN. Dann die Blicke der Umstehenden genießen und auf ON drücken. Der Wohnwagen fährt mittels Joystick millimetergenau in die Lücke, dreht sich, macht Pirouetten und ich glaube Peter hat das

Zusatzmodul für Salto-Überschlag mit eingebaut. Also das ist nicht zu glauben. Aber so ist Peter.

Jetzt kommt demnächst ein zugkräftiger Wagen einer amerikanischen Traditionsmarke vor den Wohnwagen. Klar: Großer Trailer… großer Zugwagen.

Aber im Ernst. Er zieht das durch. Perfekt. Das ist Outdoorgenuss, Spiel, Spannung und Komfort in einem. Gleich 4 Sachen. Da kann die Kinderüberraschung nicht mehr mithalten. Die bieten nur Spiel, Spannung und was zu naschen!

Aber zurück zum Thema. Schatzsuche. Es gibt ja gemeine Menschen, die verstecken die Caches an belebten Plätzen überall auf der Welt. Und dann tut sich fast eine verborgene Welt auf. Die „normalen" Menschen, also die unwissenden Nichtcacher werden MUGGEL genannt.

Das ist ja fast wie bei Herrn Potter. Und wirklich. Es gibt Verhaltenshinweise für Schatzsucher an menschlich frequentierten Stellen. Am besten das GPS-Gerät wie ein

Handy an den Mund halten und so tun als ob man telefoniert. Das ist total unauffällig, weil man TUT ja etwas.

Das ist so wie beim Angeln. Setzt euch doch morgens um 4 Uhr ohne Angelausrüstung an ein Flussufer. Dann kommt nach mehreren Stunden schon der grün-weiße Partybus und nimmt euch mit. Sobald jemand das gleiche tut, aber einen zwei Meter langen Stock in der Hand hat, denkt jeder… klar, der angelt.

Würde man mit dem GPS-Gerät in der Hand den Abfalleiner neben dem Dorfbrunnen mehrmals umrunden, kniend die Unterseite der Bank abtasten, dann kommen die Muggel und stellen blöde Fragen. Das soll nicht sein. Und so tut man so, als ob man telefoniert und schaut mal hier und fühlt mal da. Genial.

Wenn ihr Muggel seid und in Zukunft jemanden seht, der telefoniert. ACHTUNG. Es könnte sich um einen getarnten Cachsucher handeln. Bitte keine Fragen stellen und nichts anmerken lassen.

Das alles mit dem Geocachen ist wirklich eine tolle Sache.

Wir haben schon viele Sonntage im Wald verbracht. Die Kinder mussten Rätsel lösen um auf die Endkoordinaten zu kommen und am Ende fanden wir dann mitten in einer Tannenschonung in einem Vogelhaus den Schatz. Es gibt so unglaublich toll gemachte Verstecke, dass ich hier an dieser Stelle allen phantasievollen Schatzversteckern meinen Dank aussprechen möchte. Und noch einen Tipp für diejenigen mit einem ungeliebten Nachbarn.

Einfach einen Cache an der Grundstücksgrenze des nervigen Zeitgenossen verstecken. Der wundert sich dann, wenn täglich Menschen, die alle anscheinend telefonieren, vor seinem Grundstück herumschleichen. Je mehr er fragt, desto weniger Antworten bekommt er!!

Und ihr könnt lächelnd vom Fenster aus das Schauspiel genießen.

Hoch lebe der Erfinder des GPS… ach so, das waren ja die Amis. Na ja, trotzdem.

22.07. Kachelmann (der Wettermann)

Wir kamen fast ganz zufällig auf das Thema. Na ja, das Donnergrollen des heranziehenden Gewitters war nun nicht mehr zu überhören und so sprachen wir eben vom Wetter.

Meine Nachbarin erzählte, dass in der Zeitung ein Bericht von Südafrika oder so gewesen sei. „Südamerika", korrigierte ich und wir einigten uns auf irgendwo im Süden.

Also da wäre ein Kälteeinbruch und die Leute würden in kurzen Hosen und Sommerjäckchen durch den Schnee laufen und frieren. Weil die Häuser nicht isoliert seien, wären auch schon einige Opfer zu beklagen.

Das alles erzählte sie ihrem Mann und mir, während das Thermometer bei uns knapp unter die 30 Grad-Marke sank. Grillen zirpten und die Blitze zuckten. Schnee, unvorstellbar. Gerade leerte ich mein gekühltes Bier und öffnete mit geübter Hand die schon bereitstehende nächste Flasche der Hopfenkaltschale.

„Bei dem Wetter musst du viel trinken", hörte ich meinen Schwiegervater leise in Gedanken sagen und lächelte. Na, wenn das so ist. Gerne.

Ich kann mich nicht mehr genau erinnern, wer die Theorie aufstellte, aber plötzlich war sie im Raum.

Seit der Kachelmann (der Wettermann) im Gefängnis ist, haben wir schönes Wetter. Und im 100-Jährigen Kalender steht das auch.

„Dass der Kachelmann im Gefängnis ist?", fragte ich ironisch zu Tanja.

„Nein, du Depp. Dass es schönes Wetter gibt in diesem Sommer!"

Na, da sollten die im Süden (es war Südamerika) wohl auch mal in Ihren Kalender schauen.

Ich denke, das ist mit der Wettervorhersage so wie mit den Horoskopen.

Experiment:

Kaufe zehn unterschiedliche Tageszeitungen am gleichen Tag. Schaue bei deinem Sternzeichen nach und du wirst überrascht sein, wie weit die dort getroffenen Aussagen gestreut sind.

Ja, ich höre euch laut schimpfen! Liebe Horoskop- und Sternzeichengläubige.

Es gibt unterschiedliche Menschentypen mit unterschiedlichen Charakterzügen.

ABER DIE STERNE IN UNSERER GALAXIE SIND ABSOLUT UNSCHULDIG AN MEINER ODER DEINER FINANZ- ODER LIEBESITUATION!!

Noch eine Theorie zum Thema.

In unserem WC hing jahrelang ein Mondkalender. Jetzt verscherze ich mir es auch noch mit den Mondgläubigen und meiner Schwiegermutter.

Auf den Tagesblättern stehen so tolle Dinge, wie z.B. „Heute ist ein guter Tag zum Blumengießen oder zum Haare schneiden."

Es ist bekannt: Blumen können nicht lesen. Wenn es in der Natur an dem Tag regnet, an dem im Mondkalender nichts von Blumengießen steht, dann saugen die Pflanzen auf unserer schönen Erde das kühle Nass gierig in ihre Wurzeln ein und verweigern nicht starrköpfig das Wasser!

Ich höre schon das Gras wispern: „Nein, heute saugen wir nicht den Regen auf… erst morgen. Da ist Wassertag!"

Ich stehe deswegen schon bei meiner Frau und bei meiner Schwiegermutter in Ungnade, wenn ich gegen das esoterisch-tantrische „wir sind alle irgendwie Sternenstaub-Weltbild" meine wissenschaftliche Meinung postuliere.

Zurück zur Wettervorhersage. In unserer örtlichen Tageszeitung ist auf der letzten Seite mittels Symbolen die Wettervorhersage für die nächsten Tage abgebildet.

Sonne, Sonne mit Wölkchen, mehr Wölkchen mit lustigen Regentröpfchen usw.

Ich bin mir ziemlich sicher, dass sich die Redaktion täglich einen Riesenspaß daraus macht, die Symbole in einen Hut zu werfen und der Chefredakteur darf ziehen. Anders kann ich mir die unglaublichen Unstimmigkeiten mit dem tatsächlichen Wetter nicht erklären.

Klar, im Sommer werden die Symbole für Schnee und Eisregen nicht in den Hut geworfen.

Was am Montag für Mittwoch noch „SONNE" bedeutete war am Dienstag dann „Wölkchen". Leider regnete es am Mittwoch aus eben diesen Wölkchen auf meinen Kopf.

Wie soll dann ein 100-Jähriger Kalender wissen, wie das Wetter im Sommer wird, wenn die Zeitungsmacher nicht einmal zwei Tage im Voraus einen Treffer landen können? Und doch stimmt der 100-Jährige Kalender verblüffend oft. Komisch, oder??

Nicht alles zwischen Himmel und Erde kann ich erklären. Mit diesem salomonischen Satz will ich die begonnene Diskussion beenden und mit Andersdenkenden meinen Frieden schließen.

Nihau und Schalom (J.K.)

27.07. Wein, Wein und Gesang.

So eine Weinprobe ist lustig. Gerade für Biertrinker. Mit ähnlichen Worten hat uns Herr Borst in Nordheim empfangen.

Dann ploppten die Korken der Sektflasche aus eigenem Anbau und das liebliche Geräusch von sich füllenden, schmalen Gläsern drang an mein Ohr.

Herr Borst ist also der Chef vom Weingut. Gut. Wer aber sind „wir"?

Das „wir" besteht aus einer Splittergruppe des Elferrates, verschiedener Gesangsgruppen und befreundeten Ehepaaren. Vier Paare. Alle im Alter von Anfang bis Mitte 40, mit Ausnahme meiner Frau, die immer das Nesthäkchen ist. Ein weiser Mann sagte einmal: „Heirate eine junge Frau. Alt wird sie von allein!"

Junge Frau und alter Wein, das Leben kann nicht schöner sein.

So standen wir nun erwartungsvoll im Hof des besagten Weingutes und hatten unser Genießerwochenende mit Schoppenexpress vor uns.

So was ist ohne Einschränkungen zu empfchlen! Paul, unser wandelnder Weingott, schmeckt aus drei Meter Entfernung den Muschelkalkboden aus einem verschlossenen Bocksbeutel. Er hat das Ganze organisiert.

Für alle Nichtfranken: Ein Bocksbeutel ist eine uralte traditionelle Flaschenform für besonders leckere Weine. Mit auf dem Weingut waren auch noch eine Gruppe Kerle aus dem bayerischen Wald. Die allerdings waren schon seit drei Tagen da.

Horst Borst (eigentlich hat er einen anderen Vornamen, aber es klingt so schön) versorgte uns gleich mit Weinköstlichkeiten und man merkt ihm an, dass er das, was er da tut, mit Liebe und Geschick macht.

Horst meinte also trocken fränkisch, dass die Rekordhalter in Sachen quantitative Weinvernichtung die Jungs aus Bayern wären. Am nächsten Tag allerdings hätten sie in den Seilen gehangen. Biertrinker eben! Mir wurde, da ich auch zu dieser Fraktion gehöre, leicht warm und ich nuschelte kopfschüttelnd „Ja ja, die Biertrinker".

Nun, unser Fokus lag nicht darin, möglichst viel Wein in möglichst kurzer Zeit in unseren Schlund zu stürzen. Vielmehr sollte es ein lustiges, schönes Wochenende werden. Was daraus wurde, war die absolute Krönung.

Nachdem wir auf dem Anhänger des Traktors von Horst durch seine Weinberge gefahren wurden, gab es eine Weinkellerbegehung und anschließend eine Vesper.

Hatte ich schon erwähnt, dass im Weinberg an verschiedenen Stationen gehalten und einer der vielen unterschiedlichen Weine verkostet wurde? Irgendwann an Station fünf oder sieben waren alle im Flow. Wieder so ein „Amiwort" für leicht angesoffen.

Auf dem Flurstück „Nordheimer Vögelein" musste ich mir einige zotige Sprüche und Wortspiele verkneifen und nachdem das Frankenlied mit gefühlten 23 Strophen mehrmals lauthals und immer lauthälser abgesungen worden war, durfte ich im Weinkeller zur allgemeinen Belustigung die Biene Maja zum Besten geben. Der Weinkeller ist die absolute Akustikfabrik. Die darin stehenden Edelstahltanks werfen jeden auch noch so krumm gesungenen Ton wohlklingend und um den Faktor drei lauter zu dir zurück. Karel Gott im

Sinn und Edelstahltanks um mich herum, da gab es für meine Version des Liedes kein Halten mehr. Beim abendlichen Vespern im Hof kam unsere Truppe dann etwas zur Ruhe. Dachten wir.

Vorhang auf für die unglaublichen Glockenschwinger aus der Nähe von Zwiesel.

Das war also ein Schwingerclub. Hab ich mir auch anders vorgestellt.

Im breitesten Bayrisch wurden wir begrüßt und da wir für Bayern ja schon in Hessen wohnen und für Franken im Badenländle, ist unser Dialekt eine Mischung aus diesen Bundesländern.

So ging es hin und her und keiner verstand auch nur ein Wort, sobald jeder in normaler Sprechgeschwindigkeit die Sätze heraus ließ. Eine Lachsalve jagte die andere. Es stellte sich heraus, dass die acht Kerle zu einer volkstümlichen Gruppe gehören (die mit Kuhglocken von Haus zu Haus gehend und nach dem Almabtrieb einen Spruch aufsagen oder mit riesengroßen Kuhglocken läuten).

Natürlich dauerte es nicht lange und sie mussten den Glocken-Spruch laut vortragen. Das waren 20 Sätze im Volldialekt und sogar

Leutnant Uhura vom Raumschiff Enterprise hätte ihren Ohrknopf entnervt rausgenommen. Sie hätte (und auch wir haben) kein Wort verstanden. Breites Bayrisch mit Flow prallte nun auf Unterfränkisch mit leichtem Weinstein. Ein anderer übersetzte dann im 2. Anlauf in´s Hochdeutsche.

Das war genial. Ein Bayer, der Hochdeutsch versucht. Zum Brüllen komisch die Jungs. Die sollten ins Fernsehen. Schlagkräftig, g´mütlich, sau gut drauf und einer sah auch noch Stefan Raab zum Verwechseln ähnlich. So ähnlich, dass eigentlich der Raab ihm ähnlich sah.

Und wenn der mir gegenübersitzende Stefan dann den Mund aufmachte und es kam irgendwas, das sich anhörte wie „HopfnschnupfndiridarimaisanWaldler", heraus, dann gabs kein Halten mehr.

Ich konterte mit meiner Stoiber Parodie unter Verwendung von Edmunds Best of.

Also „in 10 Minuten" gepaart mit „Gludernde Lot" und Teile von „Richte ich täglich eine Blume hin".

Leider rutsche ich bei Stoiber immer leicht in den Beckenbauer. Also sprachlich betrachtet.

Da können die in Brüssel von der EU träumen wie die wollen. Solange im eigenen Land solche tollen Dialekte da sind, wäre es jammerschade alles gleichmachen zu wollen.

Mia san mia und schee woars.

28.07. Es lebe der Sport.

Es gibt Sportarten, die begeistern mich und dann wieder gibt es welche, die kann ich keine fünf Minuten anschauen. Letztens war es wieder soweit. Die Leichtathletik-WM wurde im Fernsehen übertragen.

Da gibt's spannende Wettkämpfe. Aber auch zehntausend Meter Gehen. Zuerst wollte ich weiterschalten aber es handelte sich um die Finals der Frauen. Ich dachte mir: „schau mal länger zu, vielleicht ist es ja spannend oder zumindest komisch."

Schon allein der Gang. Normalerweise bin ich sehr angetan, wenn sich durchtrainierte Frauen im hautengen Sporttrikot schwitzend ein Wettrennen liefern. Aber da fehlte doch was. Ja, genau. Das Rennen. Das ist beim Gehen verboten. Immer muss ein Fuß auf dem Boden sein und daher verbiegen sich die Sportlerinnen ihre Hüften um dieser Gesetzmäßigkeit Folge zu leisten. Ich stell mir das gerade vor, wenn nach neuntausendachthundert von zehntausend Metern nun doch ein Schrittfehler passiert und kurz vor dem Ziel die Disqualifikation ausgesprochen wird.

Da steht dann ein Ordner mit ernstem Gesicht und ruft: „Sie da mit dem Schrittfehler, gehen Sie einmal rechts ran. Ihren Geherschein und die Turnschuhpapiere bitte."

Nach vielen 1000 Hüftwirblern und Hinternschauklern kommt wegen eines normalen Schrittes das Aus.

Beim Gehen der Männer könnt ich mich komplett wegwerfen. Das wirkt zu 105 % unmaskulin. Toll durchtrainierte, muskulöser Kerle vor dem Start. Alle blicken böse oder cool in die Runde um ihre Gegner zu verunsichern. Jetzt, der Startschuss und du erwartest kraftvolle, athletische Bewegungen, bekommst aber Watschelwalking. Natürlich muss das höllisch anstrengend sein und die Geher sind wahrscheinlich viel schneller als ich beim Joggen. Aber niemals, so niemals wie ich auch nicht mit Walkingstöcken mitten im Sommer durch den Wald renne, so gar niemals würde ich gehen!

Garantiert dumme Sprüche sind ja schon beim Walken immer inklusive. „Eh, hast du deine Ski vergessen? Oder wo ist der Schnee?"

Das ist nicht mein Ding. Bei mir muss Sport immer irgendwie nach Rocky Balboa aussehen. Breite Schultern, männlich, kraftvoll eben.

Das, was ich da beim Gehen der Frauen sah, war weit entfernt davon. Irgendwie steif und ungrazil sah das aus. Wenn der Schöpfer gewollt hätte, dass wir Menschen uns so fortbewegen sollen, dann hätte er uns noch ein Scharnier in die Hüfte gebaut. Ist aber nur meine Theorie.

Nun kam etwas Kurioses. Die Zuschauer an der Strecke standen sowieso die ganze Zeit da, als würde die Hauptattraktion erst noch kommen. Keine Regung, völlig desinteressiert.

Der Moderator sagte dann, die Führende wäre nun auf den letzten Metern. Sie (den Namen hab ich leider vergessen) lief nun über die Linie, reckte die Arme in die Luft und stand dann Mutterseelen alleine im Zielbereich herum. So was hab ich noch nicht gesehen. Obwohl mich diese Sportart nicht faszinierte, so tat mir die Gewinnerin gerade total leid. Beim Hoch- oder Weitsprung oder anderen Laufdisziplinen würde jetzt die Hölle der Begeisterung losbrechen. Ehrenrunden mit den Landesfahnen, Fotografen und Autogrammjäger.

Hier gab´s nichts! Oh doch, da kommt ein Ordner und hält der Europameisterin im Gehen eine Trinkflasche entgegen. Na toll.

Das ist ungerecht, finde ich und nehme mir vor, beim nächsten Mal ein Gehen (Rennen darf ich ja nicht sagen) komplett und begeistert anzuschauen.

Nur bei der rhythmischen Sportgymnastik oder beim Synchronschwimmen schalt ich weiter. Einen Rest an Rocky-Balboa-Würde will ich mir doch noch behalten!!

30.7. Amseln

Unabhängig davon, dass der Name meines Vaters Anselm ist, und ich als Kind mit ähnlich klingenden Spitznamen gehänselt wurde, habe ich ein getrübtes Verhältnis zu diesen Vögeln. Ich mag sie einfach nicht.

Es ist natürlich sehr uncool in einem Buch zu schreiben, dass man bestimmte Tiere nicht mag.

Aber ihr lieben Kritiker. Jeder Mensch hat Tiere, die er nicht mag. Spinnen, Kellerasseln, weiße Maden, Blutegel, und Kopfläuse. Wer ohne Ekeltier ist, der werfe das erste Schwein. Das hat vor 2000 Jahren so oder so ähnlich ein kluger Mann gesagt.

Amseln sind Waldvögel. Dort scharren sie munter im Laub nach im Boden lebenden Insekten und können tun und lassen, was sie wollen.

ABER NICHT IN MEINEM GARTEN.

Als wir vor einiger Zeit unsere Gartengestaltung abgeschlossen hatten und größere Flächen mit Rindenmulch abgedeckt hatten, hab ich mich immer wieder über die vielen Löcher im Mulch gewundert.

Katzen und Hunde, das waren meine ersten Verdächtigen. Aber dann hab ich die Übeltäter auf frischer Tat ertappt. Die Amsel tat nicht einmal so als ob sie Angst vor mir hätte, als ich auf unsere Terrasse trat.

Auch das Klatschen mit den Händen nützte nichts. Das Vieh duckte sich nur halbherzig (was ich als Beleidigung aufnahm) und scharrte weiter unser ordentliches Blumenbeet auf den vorbeiführenden Weg. Diese Vögel schaffen es, mehr Rindenmulch in einer Nacht zu bewegen als eine ganze Horde Landschaftsgärtner. Zurück bleiben tiefe Löcher und ein wütender Simon.

Nun, mittlerweile hab ich die letzen Generationen von Amseln durch gezielte Steinwürfe soweit gebracht, dass sie Menschen wieder als „kleine" Bedrohung ansehen.

Sobald ich mich so einem Mistvogel nähere, passiert erst einmal das Übliche. Sporadisches und halbherziges Wegducken und davon hüpfen.

Aber sobald ich mich bücke und so tue als hebe ich einen Stein auf, sind die „Ratten der

Beete" wie vom Erdboden verschluckt. Einfach weg.

Das verhindert zwar nicht, dass jeden Morgen aufs Neue unser Garten wie nach einem Bombenangriff aussieht, es bringt mir aber wenigsten ein Gefühl von „ich bin der Herrscher des Mulches" zurück.

Respekt. Das ist alles, was ich verlange. Dann hab ich auch **kein Problem mit den Löchern und mit Vögeln**.

Meine Frau hat mir jedoch verboten **diesen** Spruch auf ein T-Shirt zu drucken. Komisch.

Liebe Vogelliebhaber! Natürlich hab ich noch niemals in der Vergangenheit einen Vogel mittels Steinwurf getroffen oder verletzt! Dafür werfe ich einfach zu schlecht.

Außerdem tut mir mein Wurfarm weh. Das wissen die kleinen schwarzen Wühler aber nicht.

6.8. Kino. Das besondere Erlebnis.

Schon als Kind ging ich gern mit meinen Freunden in das kleine Kino im Nachbarort. Sonntags fuhr dann die ganze Rasselbande mit den Fahrrädern am Main entlang dorthin, um sich ab und zu einen Film anzuschauen. Spiderman war, so glaube ich, der erste Film, den ich in diesem Kino sah.

Dort gab es einen Balkon mit den teuren Plätzen und unten im Saal einige Reihen Sperrsitze. Der größte Teil der Bestuhlung bestand aus Bestuhlung. Also harten Holzstühlen. Da wir Kinder auch damals nicht doof waren, lösten wir die günstige Eintrittskarte für die Holzstühle und setzten uns in die letzte Stuhlreihe.

Dahinter begannen die teureren und bequemeren Sperrsitze. Nachdem die Vorschau und der Eisverkäufer durch waren, ging es lautlos eine Reihe nach hinten. Immer natürlich die Angst im Nacken erwischt zu werden.

Die günstigste Karte war allerdings die „Versehrten" – Eintrittskarte. Das waren im Preis reduzierte Karten für Kriegsversehrte.

Das wusste ich aber damals nicht. Eines Tages stand ich nun vor dem Kartenhäuschen und dachte mir… warum nicht. Am Anfang einer längeren Schlange stehend orderte ich eine Versehrten-Karte. Das ungläubige Gesicht und den strengen Blick des Kinobesitzers vergesse ich nie. Das Lachen der Wartenden hinter mir in der Schlange gab es kostenlos dazu.

Als wir älter waren durften wir auf den Balkon. Dort oben waren die Älteren und es gab eine Theke. Der größte Genuss war es hier in den Plüschsesseln zu lümmeln und ein Weizenbier zu trinken. Der größte Spaß war es aber diejenigen zu ärgern, die unten auf den Stühlen saßen. Und so warfen wir 10 oder 20 Pfennigstücke in den Saal nach unten und schauten zu, wie sich die Meute suchend im dunklen Kino darauf stürzte.

Ich habe wieder eine Theorie. Genau diese Streiche muss ich heute bei Kinobesuchen büßen.

Entweder hab ich jemanden neben mir sitzen, der zwei Stunden lang in der Chipstüte herumgruschelt, die Nase permanent hochzieht, sich den kompletten Film mit dem Nachbarn unterhält oder bei dem dauernd das Handy klingelt, summt und leuchtet.

Die „Höchststrafe" allerdings ist es in einen lustigen Film mit meiner Frau zu gehen. Traurige Filme sind da eher unproblematisch. Bei Titanic fing dann irgendwann das große Schluchzen an. Als ich fragte, warum der schon in Sicherheit befindliche Hauptdarsteller nun zum achten Mal unter Deck rennt und somit ja selbst schuld sei wenn er untergehe, wurde ich nur ausgezischt. Wer kennt das nicht. Ein Pscht in Kombination mit einem sehr bösen Blick. Als ich dann noch sagte: „Ich schau mir Titanic Teil 2 an. Vielleicht überleben dann ja alle", war es ganz aus. Seitdem also nur noch lustige Filme.

Wenn ich über das Lachen meiner Frau mit meinem Schwiegervater spreche, erzählt der immer die Geschichte, dass meine Angetraute als Teenager im elterlichen Wohnzimmer Fernsehen schaute. Die Eltern lagen im Schlafzimmer darüber schon in den Betten. Und obwohl die Decke des Elternhauses aus massivem Beton besteht drang das glockenhelle Lachen meiner Gattin, so problemlos wie ein Rasenmäher durch frisches Gras, geradewegs durch diese Decke.

Dieses Bild im Sinne habend sitze ich also neben meiner Frau im Kino. Der Film läuft, alles ist still (außer der Chipsfuzzi neben mir). Plötzlich bricht es aus ihr heraus. Sekunden bevor alle anderen den Witz kapieren oder die Szene witzig fanden, füllt sich der Kinosaal zur Gänze mit dem Lachen meiner Frau. Zeitgleich rutsche ich im Sessel weiter nach unten. So weit nach unten, dass ich sogar schon Kleingeld gefunden habe. So schließt sich also der Kreis. Das einschneidendste Erlebnis war ein Film der HOT-Shots-Reihe. Charlie Sheen als Rambo-Imitator dringt in das feindliche Gefängnis ein um den amerikanischen Gefangenen zu retten.

Der wurde gespielt von Mr. Atkins. Sie aber schrie in dem Moment, als er für Bruchteile einer Sekunde zu sehen war unglaublich laut „Das ist ja der Mr. Bean." Ruhe.

Dann Gelächter im Saal. Alle Blicke bei uns. Zu spät zum Herunterrutschen und zu spät zur Flucht.

Als dieser Film in der 23. Wiederholung letztens im Fernsehen gezeigt wurde, beobachtete ich meine Frau bei dieser Szene lächelnd. Und es war wie damals im Kino.

„DA, DER MR. BEAN!"

Und sie hat immer noch recht!

08.08. Im Spessart verlaufen.

Unser Sonntag begann eigentlich ganz entspannt. Nachdem die komplette Familie sehr lange geschlafen hatte und das Frühstück vertilgt war, meldete sich bei meiner Frau das schlechte Gewissen. Das kam einfach so vorbei, klopfte an und sprach.

„Ihr da, ihr faulen Gesellen, macht euch raus in die Natur."

Mit einem Blick in den Augen, der auf einen solchen Satz schließen lies, kam meine Frau urplötzlich auf die Idee, einen Geocache finden zu wollen.

Nicht weit entfernt im Nachbarort war ein Multi-Cache. Also ein mit dem GPS Gerät zu findendes Etwas. Multi deshalb, weil vorher einige Rätsel zu lösen waren.

Zusammen mit den Schwiegereltern fuhren wir dann zum angegebenen Startpunkt und die kurze Wanderung konnte beginnen.

Das erste Rätsel war schnell gelöst und die neuen Koordinaten ins GPS Gerät eingegeben. Der nächste Hinweis führte uns dann den Weg wieder zurück und noch kannten wir die Pfade auf denen wir wandelten gut.

Die Koordinaten für den 3. Hinweis führen uns nun aber in unbekanntes Terrain. Mutig folgten wir den Angaben des Navis bis eine Warnung auf dem Bildschirm aufploppte.

„Battery low." Und kaum hatte ich die zwei Wörter gelesen schaltete das Teil einfach ab.

Hää??. Zwei Sekunden Vorwarnzeit sind nicht viel.

Nicht einmal der schnellste Batteriewechsler der Welt hätte da noch reagieren können. Unmut machte sich breit. Die Kinder motzten und ich war sauer auf mich selbst. Mr. Perfekt, also ich, hatte die Batterien nicht lange genug aufgeladen. Jedem passiert so etwas. Nur mir normalerweise nicht. Ersatzbatterien lagen natürlich zu Hause! Aufgeladen!

In Richtung der letzten Peilung führte ein nasser, matschiger Waldweg und meine Schwiegermutter meinte, dass wir doch den breiten Schotterweg in die andere Richtung weiterlaufen sollen.

„Wir kämen schon irgendwo heraus", sagte sie. Über diesen Satz musste ich an dem Tag noch mehrmals nachdenken.

Zwei quengelnde Kinder, unbekannter Kurs, eine vorweg marschierende Schwiegermutter mit festem Blick und das mitten in der grünen Hölle. Der Spessart ist das größte zusammenhängende Waldgebiet westlich von Murmansk. Auf alle Fälle kann man sich da auch verlaufen.

Das taten wir dann auch. Nachdem wir einige Höhenmeter überwunden und einige Kilometer gelaufen waren, hatte ich jede Orientierung verloren. Keine der Weggablungen kam mir auch nur im Entferntesten bekannt vor. Und ich kann von mir behaupten, dass ich viel im Wald unterwegs bin.

O.K. Wer hat ein Handy dabei? Schwiegervaters Gerät zeigte an, dass es keinen Empfang hatte. Mein Handy auch. „Da halten die Elektrogeräte wieder zusammen", dachte ich mir. Auf einer größeren Lichtung dann piep. Zwei Balken auf dem Display meines Handys. Also hatte ich Empfang.

Eilig wählte ich die Nummer meines Schwagers, der nicht weit entfernt seine Pferde einspannte. Wenn ich ihn erreiche, dann kann er uns ja uns dem Wald abholen. Es klingelte. Er war dran.

Mit freundlicher und überhaupt nicht nach „wir haben uns verlaufen" klingender Stimme sagte ich, dass wir einen schönen Spaziergang machten und ganz in der Nähe im Wald wären.

Wo denn, fragte er und ich sagte: „Ich steh neben unserem Schwiegervater."

Nein, wo im Wald wir wären?. Ja, das wüsste ich auch gerne, und ab jetzt war klar, dass wir uns verirrt hatten.

Anhand alter Flurbezeichnungen und der Gegebenheiten vor Ort beschrieb ich ihm unseren Aufenthalt. „Bin in 10 Minuten da, sagte er."

10 Minuten können lang sein.

Aber dann war das Klappern der Hufe zu hören und die Kinder führten Freudentänze auf.

Daniel saß auf dem Kutschbock, bremste das Gespann und sagte grinsend: „Na, verlaufen?"

„Klar haben wir uns verlaufen. Wegen Papa." Das war mein ältester Sohn. „Papa hat vergessen die Batterien aufzuladen."

O.K. Klar das hab ich. Aber, dass auf 10 Kilometer Waldweg und 15 Weggabelungen keiner der Schilderbeauftragten im Spessart auch nur ein Schild angebracht hatte, das war nicht meine Schuld.

Oh, doch. Sorry. Es waren Schilder an den Bäumen. Darauf standen tolle Wegbezeichnungen wie „D3" oder „S1". Super. Oder es war ein Kreuz oder ein Wildschwein abgebildet.

DAS NÜTZT DIR NICHTS.

Wir wissen dann zwar, liebe Schildermaler, dass wir uns auf dem „D3" – Weg befinden. Aber wohin der führt, steht da nicht.

Ein handgemalter Hinweis „Dahin 3 Kilometer" oder „Dorthin 20 Minuten" hätte schon gereicht. Im Wald ist, wenn du nicht weißt wohin, überall falsch. Und „D3" ist dann kein Trost

In unserer Region, welche Tourismusbeauftragte so unschön „Churfranken" nennen, verirren sich daher leider viele Touristen im Wald. Soweit meine Theorie dazu.

Das auswärtige Amt sollte eine Warnung herausgeben. Der Spessart als „No-Go- Area". Na, wenn das kein Pfund ist, mit dem man touristisch wuchern kann. Survival-Zone Südspessart. Welcome to the green hell.

Hört sich auf alle Fälle besser an als „Churfranken." Das riecht nach Salbe und Stützstrümpfen, irgendwie.

11.8. Naturgesetze.

Auf unserem Terrassentisch liegen im Sommer immer drei bis vier Fliegenklatschen. Nur zur Sicherheit.

Fliegen sollten aus dem Artenbestand der Erde gestrichen werden, jedoch ohne irgendeine Nahrungskette zu unterbrechen. Diese völlig nutzlosen Viecher können einem jeden noch so gut geplanten Aufenthalt im Freien versauen.

Daher gehört der „Muggebätscher" mittlerweile zur Grundausstattung, wenn die Familie Keller zum Camping, Picknick oder ins Schwimmbad geht.

Noch nerviger allerdings sind Wespen.

Als ich im Biergarten letztens wieder eine gelb-schwarze Querulantin ins Licht schickte und zufrieden nickte, eröffnete mir mein Bruder eine These über Wespendichte im Verhältnis zum Raum.

Er sagte: „Pro Kubikmeter Luft kommen durchschnittlich so und so viele Wespen vor. Wenn du eine erschlägst, rutscht die nächste einfach nach. Ist ein Naturgesetz!" Wer mich kennt, weiß, dass ich sogar Naturgesetze bekämpfe, wenn es um die Qualität eines Biergartenbesuches geht.

Aber zurück zur These meines Bruders.

Sollte das bei Wespen stimmen, verhält sich das auch mit überfahrenen Kröten genauso. Sobald es bobopp, bobopp unter deinen Autoreifen macht, tut man der nachrückenden Kröte einen Gefallen. Sie kann nur eben wegen des Ablebens der Vorkröte nachrücken, sich vermehren und alles tun, was Kröten so machen. Krötensachen eben.

Generell bin ich da sehr pragmatisch beim Überfahren. Alles unterhalb der Größe eines Cockerspaniels wird zwischen die Reifen genommen.

Also keine Ausweichversuche wegen einer Maus, eines Frosches oder eines Eichhörnchens. So sehr ich auch das Kleingetier mag, deswegen wird nicht die Familie, der Gegenverkehr oder wer auch immer durch unnötige Ausweichmanöver in Gefahr gebracht. Klingt hart, ist aber so.

Die Schlagzeile, „Mann rettet Maulwurf und löscht dabei eine Familie aus", ist weder wünschenswert noch sinnvoll. Für den Maulwurf schon, aber der kann ja nicht lesen. Wenn ich also einen Baum fälle, kann deswegen ein anderer wachsen. Nur das Aussterben der Neandertaler ermöglichte dem Homo Sapiens die Weltherrschaft. Wenn das mit den Dummen auch so ist, na dann Prost Mahlzeit. Oder mit den Schwerverbrechern, Autoknackern, Waffenschiebern.

Fischst du einen ab, so kann der nächste nachfolgen. Was im Umkehrschluss bedeutet, dass wir unsere Polizeiarbeit dringend überdenken sollten. Beispiel Bankräuber.

Lieber einen lang gedienten, ortsansässigen Bankräuber im Dienst lassen. Da entwickeln sich ja auch Freundschaften. Das ist besser als ihn zu verhaften und sich die Hausbank in Zukunft von einem dahergelaufenen Neubankräuber von Auswärts ausrauben zu lassen. Die Welt sieht doch ganz anders aus, wenn man sie durch die Augen eines Naturgesetzes betrachtet.

16.08. Gut geplant ist halb ...?

Den Deutschen sagt man nach, dass sie Sicherheitsfanatiker seien. Das lässt sich anhand etlicher Statistiken ableiten. Wir versichern uns in manchen Dingen bis über die Hutkrempe. Da sind das Cerankochfeld, die Koffer und das Terrarium mit Vollkaskoschutz abgesichert.

Das Auto hat 24 Airbags und am Fahrrad erstrahlen 12 Reflektoren. Natürlich muss der Radfahrer noch Kleidung und Helm mit reflektierenden Flächen tragen. Mein Auto piepst sich heiser, wenn der Gurt nicht angelegt ist und die Steckerleiste hinter der Wohnzimmerschrankwand hat eine separate Sicherung.

Rauchmelder retten unser Leben und auf Heimwerkermaschinen prangen mittlerweile so viele „Vorsicht, das ist gefährlich" - Aufkleber, dass man davon Augenkrebs bekommt. Dieser Warn-Aufkleber fehlt jedoch.

Oh mein Gott. Natürlich sind viele Warnungen und Bedenken sinnvoll. Sie retten Leben oder minimieren unser Risiko. Das Leben ist eines der gefährlichsten. Es endet meistens mit dem Tod.

So betrachtet und den Spruch meines Technikerschule-Lehrers, „am Anfang war alles mal flüssig" im Sinn, sollten wir uns jedoch wieder etwas mehr trauen. Ja genau. Ein kleines Risiko eingehen und erleben, dass man nicht gleich untergeht.

Am Beispiel eines drei Tages-Ausfluges in den Thüringer Wald will ich gerne die verschiedenen Herangehensweisen an die Risiken des alltäglichen Lebens beschreiben.

Mit bei diesem Wochenendausflug waren mein Bruder (Ingenieur) und mein Schwager (Ingenieur). Zwischen zwei von dieser Sorte kommt man sich als Normalmensch irgendwie seltsam vor. Aber ich mag beide natürlich sehr.

Die Rolle des Organisators war mir zugefallen und so kümmerte ich mich um die Unterkunft, die Anreise, die Routenplanung vor Ort und das Wetter.

Geplant war am Anreisetag eine kleine Sondierungswanderung in Suhl und dann am zweiten Tag eine ausgiebige Mountainbiketour durch den schönen Thüringer Wald. Und davon gibt's genug dort oben. Wald. Überall.

Schon bei der Anreise wurde kurzerhand meine Planung gekippt und entschieden, dass wir heute schon mit den Bikes fahren. „Warum nicht?", dachte ich mir und drängte die aufkommenden Gedanken zurück.

Gedanken wie „jetzt werfen die meine Planung um…", und „warum hab ich mich denn um die Route gekümmert?"

Auch hatte ich Bedenken ins „Blaue" hinein zu fahren. In unbekannten Wäldern verfährt es sich genauso schnell wie im Spessart, schoss es mir durch den Kopf.

Das war das „Bedenkenmännchen" auf meiner einen Schulter. Das saß da und flüsterte mir ins Ohr, warum was nicht klappt, was alles passieren kann und dass nur ein genauer Plan Sicherheit gibt.

Das zweite Männchen sitzt auf meiner anderen Schulter. Das flüsterte dann aber: „He, du Weichei. Radfahren ist easy. Stell dich nicht so an. Genieße das Ungeplante." Darf ich vorstellen. Mein „Trau-dich-Männchen."

Also rauf aufs Bike und siehe da, ohne Plan der Nase nach zu fahren, war das Beste was wir machen konnten.

Nach über 30 Kilometern und irgendwas in den 700 Höhenmetern in den Beinen kamen wir abends müde und hungrig, aber mit einem Lächeln auf unseren matschigen und verschwitzten Gesichtern in der Pension an.

„Genial", sagte ich, „700 Höhenmeter." Mein Schwager ergänzte ansatzlos: „Es waren genau 731."

So ging das schon den ganzen Tag und langsam irritierte mich das.

An diesem Tag konnte er wohl nichts von der Landschaft gesehen haben, weil er immer nur auf seinen Multifunktionstacho mit Höhenmesser, Durchschnittsgeschwindigkeit, aktuelle Höhe, Schuhgröße und Wadenumfang geschaut hat. Nein, er hat nicht nur geschaut. Er hat uns liebenswürdigerweise permanent mit Daten versorgt, die für mein „Trau-dich-Männchen" auf der Schulter völlig verwirrend waren.

Es wollte auch auf keinen Fall wissen, dass wir bis zum nächsten Gipfel noch 425 Hm auf nur drei Kilometer Strecke erklimmen musste.

Das ist genau so wie beim Zahnarzt. Wenn der schon lange bevor es weh tut zu dir sagt, dass es weh tun wird. Mein Männchen und ich wollen das nicht wissen.

Am Berg fährt jeder für sich alleine. In seinem Tempo und mit seinen Gedanken. Wenn ich glaube, keinen Meter weiter fahren zu können setze ich mir kleine Ziele. „Nur noch bis zur nächsten Kurve." „Nur noch bis zum Stein da vorne."

Und dann gibt mir das Kraft. Aber wenn ich erkenne dass der nächste Stein da vorne ein Fliegenschiss auf dem Weg nach oben ist, weil mir jemand die Höhenmeter vorbetet, die wir noch fahren müssen, dann deprimiert mich das. Sofort und unwiderruflich. Es ist Futter für das „Bedenkenmännchen."

Es wird lauter und lauter und sagt dann Sachen wie: „Das schaffst du nicht. Mach eine Pause. Das ist zu viel für dein Alter. Trink was. Schalt einen Gang runter!"

Am zweiten Tag bedurfte es nun aller Kraft, den Schweinehund in meinen Beine und meiner Lunge zu kontrollieren und gleichzeitig dem doofen Männchen auf meiner Schulter nicht zuzuhören.

Mein Tacho hingegen war ausgefallen. Hatte keine Lust, keinen Kontakt oder was auch immer. Auf alle Fälle zeigte er nichts an. Und nachdem ich mich erst darüber geärgert hatte, trug mich der Nebel der Ahnungslosigkeit die Berge und Anstiege hinauf.

Am Ende des Tages hatten wir alle die Strecke geschafft. Und nach einem kühlen Bier konnte ich meinem Schwager auch schon nicht mehr „böse" sein.

Wir sind alle den gleichen Weg gefahren, haben aber doch eine völlig unterschiedliche Reise gemacht.

Nur durch die „Sicherheit" immer alle Informationen zu haben war mein Schwager unterwegs gewesen. Zahlen, Daten, Fakten.

Mit der Sicherheit, heute Abend irgendwie wieder in der Pension anzukommen war ich unterwegs. Mehr nicht.

Und mein Bruder war mit seinem Trekkingbike unterwegs.

Neben unseren technisch aufgerüsteten Mountainbikes sah sein Rad geradezu mickrig aus. Dünne Reifen. Bequemer Sattel, Packtasche statt Gewichtsoptimierung. Federgabel statt Vollfederung.

Weder mein Schwager, noch ich wären mit so einem Rad die Tour angegangen. Nie und nimmer. Dafür hätte unser Männchen schon gesorgt.

Und was hatte er davon?

Er fuhr problemlos uns beiden davon. Nicht nur, dass er viele Kilo leichter war als wir, auch sein Rad war es.

Doch sein größter Vorteil war, dass es keinen so kleinen Gang hatte. Also bleib ihm nichts anderes übrig als die Berge und Anstiege hochzufahren mit dem Gang den er hatte. Und während wir mit unseren grobstolligen Boliden den Anstieg mit dem kleinsten Gang hochkurbelten, fuhr er, aufrecht sitzend und lächelnd an uns vorbei.

Mein „Bedenkenmännchen" meinte am Anfang noch lauthals, dass er so nicht weit kommen wird.

Hätte mein Bruder das gleiche Männchen auf seiner Schulter sitzen wie ich, dann hätte er niemals seinen sportlichen Erfolg erleben können. Er hatte gewagt und gewonnen. Daher lautet meine Botschaft:

Nieder mit den Bedenkenmännchen! Jeder von uns trägt so einen Kerl durchs Leben. Und meistens ist er der Grund für viele unnütze Sorgen und verpasste tolle Augenblicke.

Ein jeder hebe nun die rechte Hand zu seiner linken Schulter. Den Zeigefinger zum Schnipsen anspannen und das Männchen (es schaut gerade ganz verdutzt) so fest wir können und so weit weg wie möglich von der Schulter schnipsen.

Ich nehme mir gerade vor, das immer dann zu praktizieren, wenn die Zweifel und Ängste mal wieder hoch kochen wollen.

Wichtig beim Schnipsen ist aber, dass wir keiner anderen Person in unserer Nähe das Männchen ins Gesicht schnipsen.

Außerdem sollte das Männchen Schutzkleidung samt Helm tragen und an Sonn- und Feiertagen sollte auf das Wegschnipsen ganz verzichtet werden. Die Bundesschnipsverordnung regelt in ihren 78 Paragraphen alles Weitere.

Es werden Schnipskurse angeboten und im Fernsehen zeigen sie bald eine Reportage über Verletzungen durch falsche Schnipstechnik.

SCHNAUZE! Es klappt!

20.08. Geblitztdingenst

Als die Urmenschen damals die Arbeitsteilung erfanden, Stöcke zogen und die Männer den kürzeren der Stöcke in Händen hielten war eines klar: Die Frauen durften in der kuscheligen Höhle beim Feuer bleiben und die Männer mussten bei Wind und Wetter hinaus und sich den Unbilden der Natur stellen. Das mit den Stöcken ist nur eine meiner vielen Theorien aber der Rest sollte stimmen.

Worauf will ich hinaus? Ich suche nach einer Erklärung für meine Angst vor Blitzen.

Und die einzige Erklärung liegt in der Frühgeschichte der Männer.

Ein Ur-Ur-Urahne von mir läuft an einem Donnerstag des Jahres 8223 vor Christi auf der Suche nach Nahrung durch Wind und Wetter. Plötzlich zucken Blitze am Himmel und da es damals noch keine Buchen gab, flüchtete er unter eine Eiche. Dort war er sicher, dachte er. Es kam, was kommen musste.

Der unfreiwillige Erfinder des Sprichwortes „Eichen sollst du weichen" wurde Opfer seiner Unwissenheit.

Krawumm und zisch. „Blitze sind Teufelszeug", dachte sich mein pulverisierter Vorfahre noch kurz und verdampfte. Diese Informationen haben sich in das Wissen meiner Ahnenreihe eingebrannt und irgendwie kann ich auf dieses Urwissen zugreifen. Komischerweise auf sonst nichts. Nur die Angst vor Blitzen kommt über mich wie das jüngste Gericht.

Da sitz ich nun, ich armer Thor, und zittre schneller als je zuvor.

Für einen Mann ist das Sprechen über seine Ängste schwer. Sehr schwer. Klar. Draußen in der Steppe hatten wir früher ja auch keinen, mit dem wir sprechen konnten. Und Selbstgespräche hätten das Wild verscheucht.

Jetzt ist es also heraus. Ich habe Angst vor Blitzen!

Vor zwei Jahren schlug auch tatsächlich einer in unser Haus ein. Balken splitterten, Ziegel verwandelten sich in Ziegelstaub und in manchem Zimmer hat sich die Tapete von der Wand gelöst.

Ich stand nur kreidebleich in der Küche und habe den Eingang der Schadensmeldungen erlebt, wie Käpten Kirk nach einem Angriff der Romulaner.

„Da liegt Holz auf unserer Terrasse, Papa!" „Warum sind im Schlafzimmer Papierschnipsel auf dem Boden??" „Hier riecht´s verbrannt, Schatz!!"

Schutzschilde auf 20%. Hilfsenergie auf die Steuerdüsen. Das hätte Kirk dazu gesagt. Aber ich stand nur da und hatte Schnappatmung.

Laut Statistik habe ich nun in den nächsten 23000 Jahren keinen Treffer mehr in meinem Haus zu erwarten. Aber Blitze kennen keine Statistiken.

Neben unserem Haus, ca. 100 Meter entfernt steht ein großer Strommast. Normalerweise schlägt der Blitz dort ein, da der Mast die Wohnhäuser um einige Meter überragt.

Aber das war dem Blitz egal. Wie eine zufällig vom Himmel zuckende Feuerpeitsche entscheidet er gottgleich über deine Vernichtung oder dein Weiterleben. Als ich letztens die Sendung „Mein erstes Leben" sah, kam mir eine Idee. So eine Rückführung will ich auch machen. Aber ganz weit zurück. Bis ca. 10000 BC.

Die Kandidaten in der Show kommen nur bis 1723 oder zum ersten Donnerstag im August des 15. Jahrhundert zurück. Aber ich will zurück bis zu dem Tag als mein Vorfahre unter der Eiche stand und pulverisiert wurde.

Ein faszinierender Gedanke. Schon einmal gelebt zu haben. Und wenn das einmal geht, warum nicht noch öfter. Wenn wir also alle schon oft gelebt haben und in 200 Jahren würde sich jemand einer Rückführung unterziehen der gerade meine Seele in sich trägt, an was erinnert er sich?

Zum Beispiel an die Rückführung des jetzigen Simon Kellers im Jahre 2010? Kompliziert, wie alle Zeitreisegeschichten eben sind, verhält es sich dann auch mit mir und meiner Seele. Das verdutzte Gesicht der Zukunfts-Psychologin (warum sind das immer Frauen?) möchte ich sehen, wenn der in Trance befindliche Kandidat des Jahres 2210 flüstert.

„Ich sehe mich auf einer Liege liegen und erinnere mich gerade an mein Leben im 17 Jahrhundert. Ich bin Kandidat in einer Show des Jahres 2010..."

Hoffentlich halten die Aufzeichnungen der Sender 200 Jahre. Wenn dem so ist, dann kann der Rückgeführte sich selbst in den alten Aufzeichnungen anschauen. Er sieht sich, wie er da liegt und über sein vorheriges Leben spricht. Also bekommt er quasi zwei Rückführungen zum Preis von einer.

Ab jetzt nehme ich alle Sendungen auf. Speichere sie ab, brenne alles auf DVD, USB-Stick und Magnetband… weil eventuell schlüpft ja meine Seele nach meinem Tod in den Körper eines zukünftigen Kandidaten. Hoffentlich erinnere ich mich daran, wo ich die Aufzeichnungen versteckt habe.

Sie denken jetzt bestimmt, dass die Chancen für einen solchen Treffer sehr gering sind. So gering wie vom Blitz getroffen zu werden. Aha. Was ein Mal klappt, das klappt auch zwei Mal.

In diesem Sinne.

Campingurlaub mit Kind und Kegel.

Von Regeln, Ritualen und Dauercampern.

Ja, die Vorfreude ist immer groß, wenn die Kellers in Urlaub fahren. Und zur Kategorie Urlaub gehört auch ein verlängertes Wochenende auf dem Campingplatz.

Das befreundete Pärchen mit dem wir dorthin fuhren, war schon an Pfingsten auf diesem Platz und schwärmte von der tollen Lage, den Spielmöglichkeiten für die Kinder und der ungezwungenen Atmosphäre dort. Das mit meinen Campingplatz - Erfahrungen ist aber bisweilen so eine Sache.

Die großen Proficampingplätze ähneln mehr einer Kleingartenanlage mit angeschlossener Zeltwiese.

Dort herrscht das strikte Regelwerk einer unerbittlichen Campingvereinigung. In unzähligen Vorschriften ist für den Neucamper geregelt, wann er mit seinem Auto auf den Platz fahren darf und wann nicht. Ebenso sind Abhandlungen über die Einhaltung der Ruhezeiten, ob, wann und wie viel Feuer entzündet werden dürfen dort nachzulesen. Ist das typisch deutsch? Auf alle Fälle ist es abschreckend.

Der Ursprungsgedanke des Zeltens aus meiner Jungendzeit war einfach. Zelt aufbauen, Feuer anmachen, grillen, Lieder singen und im Zelt schlafen. Dann an dem vorbei fließenden, klaren Bach gehen um sich zu waschen. Schön.

Solche Bilder im Kopf habend, wurde ich schon mehrfach mit der andersartigen Welt des Campens im 21. Jahrhundert konfrontiert.

Mein Humorzentrum schaltet sich aber nach kurzer Zeit des Wunderns und Kopfschüttelns wieder ein. Und so betrachtete ich das Tagesgeschehen auf einem Campingplatz durch meine Brille. Dieser Platz war im Übrigen wirklich sehr angenehm und zwanglos.

Wir wurden sehr nett und offen begrüßt und konnten uns einen Platz auf der Zeltwiese aussuchen. Unser Zelt stand direkt am kleinen See und das Auto ganz in der Nähe. Feuerholz wurde vom Chef höchstpersönlich in einer Gitterbox zu uns gebracht und da wir ihm für eine Stunde bei der Ernte geholfen haben, kostete das Holz auch nichts. Und dennoch. Um vom Eingang an unsere Zeltwiese zu kommen, musste man an den Dauercampern vorbei. Die Reaktionen dieser Spezies auf neue Campinggäste waren unterschiedlich. Und merkwürdig!!

Die Einen schauen kurz von ihrem Kreuzworträtsel auf, nehmen dich wahr und widmen sich dann wieder der Zeitschrift. Komischerweise saßen diese Leute während der fünf Tage unseres Urlaubes jeden Tag wortlos neben dem Ehepartner auf einem Campingstuhl. Vor sich ein Rätselheft, das Vorzelt war schön durch einen Hecke eingefriedet und die Geranien blühten. Der ganze Urlaub bestand darin, zu SITZEN, zu ATMEN und zu RÄTSELN. Kein Wortwechsel mit dem Ehegatten auf dem Stuhl daneben. Traurig, aber es gefällt diesen Menschen wohl. Sonst würden sie ja nicht noch Geld dafür bezahlen.

Kategorie zwei der Dauercamper war weit besser. Ich unterteile sie in nochmals 2 Gruppen.

Die GLOTZER und die SCHWÄTZER.

Die GLOTZER sehen, dass neue Besucher ankommen.

Stellen reflexartig ihren Gartenstuhl in die Richtung der Neuankömmlinge und GLOTZEN permanent, wenn das Zelt aufgebaut und der Zeltplatz eingerichtet wird. Sie laben sich an den Schwierigkeiten des Zeltstellens, warten geradezu auf Fehler bei diesem Tun, lächeln scheinheilig, wenn man sie genervt anschaut. Dieses Verhalten allein ist schon eine Unverfrorenheit. Der Stresslevel für Camping-Laien in den ersten zwei Stunden ist sehr hoch. Die Kinder quengeln, die Aufbauanleitung (brauchen Männer ja nicht) ist verschwunden und die Schnüre haben sich verheddert. Und dann sitzt zehn Meter entfernt ein GLOTZER.

Die SCHWÄTZER sehen das neue Opfer, warten bis das Chaos beim Entladen und Sortieren groß genug ist, kommen dann herüber und schwätzen die Genervten eine Stunde lang voll.

Allen Ernstes ignorieren sie die Schweißperlen auf der Stirn, das Geschimpfe der Eltern mit den Kindern, die flehenden Blicke zur Uhr. All das ist ihnen völlig egal. Sie sind geradezu angezogen von den Stressausdünstungen und Endorphinschüben ihrer Opfer. Flehendliches Betteln, doch bitte aus dem Weg zu gehen, ermuntert sie zu neuen Höchstleistungen im Vollquasseln. Und wenn die Verzweiflung ihren Höhepunkt erreicht hat, fachsimpeln sie über Zeltgestänge, Wassersäulen und Abspanntechniken.

Aber auch dieser erste Tag geht vorbei. Es ist wahrscheinlich das geheime Aufnahmeritual in die Campinggeheimloge. Einer geheimen Bruderschaft, die es schon lange vor den Tempelrittern gab.

Am zweiten Tag bauten neue Gäste direkt neben unserem Claim ihr Lager auf. Ich musste schon sehr an meine Disziplin appellieren um nicht hinzugehen um ein Schwätzchen zu halten oder permanent hinüber zu schauen. Komisch, dachte ich. So schnell wird man also vom Kollektiv aufgesaugt und ahmt das gestern als abstoßend Erlebte heute einfach nach.

Wir sind die Borg. Widerstand ist zwecklos. Statt in kubischen Raumschiffen alle Rassen im Universum ins Kollektiv zu saugen, sollten sie sich mal ein Beispiel an dieser Lebensform nehmen.

Sie wohnt in kubischen Häuschen mit meist gelben Nummernschildern und assimilieren Neuankömmlinge.

Wir sind die Camper. Und wir verhalten uns **richtig** außerirdisch. Meine Theorie im Nachhinein ist folgende. Vor vielen Äonen stürzte ein Raumschiff auf die Erde. Außerirdische mussten notlanden, weil sie zu wenig Byrillium für den Antrieb bei sich hatten oder etwas in der Art geschehen war. Die nomadisierenden Ureinwohner des blauen Planeten wohnten seinerzeit noch in Zelten aus Tierfellen und beobachteten auf Klappstühlen die Umgebung. Um sich unauffällig zu verhalten, ahmten die Außerirdischen das Gesehene nach. Bis heute. Das Ganze muss ich aber noch wissenschaftlich untermauern. Ist ja wieder nur eine Theorie.

Ferienblues.

In Bayern gehen die Uhren anders. Schon immer.

Während in fast allen Bundesländern die Schüler schon längst in den Sommerferien sind und sich die Julisonne auf die Haut scheinen lassen, werden in Bayern erst Anfang August die Ferien eingeläutet. Und wie in den letzten Jahren üblich beginnt damit der Herbst in Deutschland. Dauerregen und 18 Grad. Dazu noch sechs Wochen die beiden Jungs zu Hause.

Ich gönne allen, auch den Lehrern, ihre Pause. Aber die hätten auch Eltern gerne. Könnte mir bitte der bayerische Kultusminister erklären, wie berufstätige Eltern mit maximal zwei Wochen Urlaub am Stück diese sechs Regenwochen im Herbst unbeschadet überstehen sollen?

Aber es ist ja nicht zu ändern. Das Wetter nicht und auch die Ferienregelung unserer Staatsregierung nicht. Also haben wir uns alle zu Beginn der Ferien an einen Tisch gesetzt und versucht das unbeherrschbare zu planen. Auf die Liste kamen alle Ideen, wie wir die

Zeit halbwegs sinnvoll nutzen wollten. Voller Euphorie wurde auch gleich der erste Punkt angegangen. Hallenbadbesuch. Am nächsten Tag dann Kino. Da es am dritten Tag immer noch regnete, fielen die geplanten Outdoor-Aktivitäten immer wieder aus und ins sprichwörtliche Wasser.

Geradezu sehnsüchtig erinnerte ich mich an die 35 Grad während der letzten drei Schulwochen. Und dann war er da. Der Blues.

So ein Ferienblues schleicht sich langsam an. Erst unbemerkt, aber dann panthergleich fällt er über dich her. Die Aufbleibzeit der Kinder vor der Flimmerkiste wird von Tag zu Tag länger, die Aufstehzeit verschiebt sich parallel nach hinten bis in die Mittagsstunden. Die Lufthoheit über die Fernbedienung wird jeden Abend mit schärferen Mitteln ausgefochten und ab dem fünften Tag Ferien ist nichts mehr so wie es vorher war.

Alle Mahlzeiten sind durcheinander. Frühstück um 11.30 Uhr. Mittag gegen 16 Uhr und irgendwann nachts zwischen zwei Werbeblöcken dann Abendessen.

Die Aktivitäten der Kinder beschränken sich darauf, aus dem Bett auf das Sofa zu kriechen. In Schlafanzügen werden die Nachmittage verbracht und der Motivationslevel der beiden pendelt zwischen Bewusstlosigkeit und Apathie. Und wenn einem langweilig ist, nervt man die Umwelt. Zuerst den Bruder. Dem geht's genauso und wenn alle fünf Minuten wegen irgendetwas das Gestreite losbricht, dann bleiben auch erfahrene Elternnerven davon nicht unbeeindruckt.

Ferienblues. So nenne ich das wellenartige AUF und AB der Gefühle während dieser sechs Wochen. Du pendelst zwischen Strenge und Verzweiflung. Wut und Drohung. Oft beginnen Sätze mit „Wenn ihr nicht…" und enden mit „Dann…"!

Dann wieder besinnst du dich auf erzieherische Maßnahmen. Gib ihnen Arbeit! Also Straße fegen, Unkraut zupfen oder den Müll raustragen.

Da jeder der beiden mit Argusaugen darauf achtet, ob es evtl. sein könnte, dass der andere etwas weniger arbeiten musste, wird über jede Tätigkeit ausgiebig gestritten. „Ich hab erst den Müll rausgetragen. Immer muss ich das machen!"

Das Ende vom Lied ist dann wieder ein Schachtelsatz aus dem elterlichen Munde gespickt mit Drohungen, Wenns und Danns.

Spaß macht das alles keinen. Den Lehrern schon. Die haben ja Ferien.

Wir Eltern dürfen ca. zehn Tage vor Schulbeginn die geistig auf dem Niveau von Nacktschnecken befindlichen Jugendlichen dann wieder aufbauen.

Mit leichten Mathematikaufgaben oder Englischvokabeln werden sie wieder auf die Stufe eines Schülers getrimmt.

Die Schlafens und Aufstehzeiten werden ebenfalls schrittweise wieder dem normalen Leben angepasst.

Natürlich nicht ohne Gezeter und Gemotze.

Erschöpft, aber glücklich, winken dann am ersten Schultag tausende Eltern in Bayern morgens ihren Kindern hinterher.

Sobald die Haustüre ins Schloss gefallen ist und die Kids außer Hörweite sind bricht ein Jubel los. Gequälte Elternseelen finden Erlösung. Endlich.

Aber in der ersten Schulwoche ist noch verkürzter Unterricht und einen Stundenplan zu erwarten wäre ja vermessen. So kommen sie also nach zwei bis drei Schulstunden wieder nach Hause. Dort wo Mama oder Papa schon freudig warten.

Drei Stunden Erholung reichen ja auch wirklich aus. Da ist der Akku wieder voll. Oder? Warum brauchen Lehrer dafür sechs Wochen??

Die haben wohl das falsche Ladegerät.

27.8. Von Analog-Käse, Formschinken und Zeitkapseln.

Gerade als ich herzhaft in mein selbstgebasteltes Sandwich beißen wollte, kommt in einer der leider immer seltener ausgestrahlten Informationssendungen ein Bericht über die Lebensmittelindustrie.

Gruselig. Da werden viele einzelne Fleischstücke mittels eines angerührten Pulvers so zusammengeklebt, dass es aussieht als wäre es ein ganzes, schön gewachsenes Fleischstück.

Mein Sandwich herunterwürgend erinnerte mich das gerade Gezeigte an einen Film aus den 70er Jahren. Den Titel kenne ich nicht mehr, aber es ging darum, dass in der Zukunft die Nahrung aus dem Meer gewonnen wird. So jedenfalls wurde es den Menschen in dem Film gesagt. „Soylent Green". So nannten sie die Kekse. Dass sie aus Menschenfleisch gemacht wurden, da die natürlichen Resourcen aufgebraucht waren, kam erst am Ende des Filmes heraus. Daran musste ich gerade denken.

Wie weit sind wir gekommen? Was versaut werden kann, wird durch Menschen mit Profitneurose auch versaut. Nur um noch mehr Profit herauszuschlagen werden Fischabfälle zu Shrimps geformt, Käse ist kein Käse, Fleisch ist geklebt und wahrscheinlich wird Brot aus gemahlener Hornhaut von Buckelwalen hergestellt. Und warum? Weil es billig ist.

2022. Die Überleben wollen. Ja, das war der Titel des Filmes. Und nun schnell gerechnet. Bis 2022 sind es noch läppische 12 Jahre.

Um mein Unwohlbefinden an diesem Abend noch zu steigern, kam nach der Reportage auch noch ein Bericht über die Erderwärmung.

+ 6 Grad. Das war der Titel. Das beruhigte mich nicht wirklich, obwohl wir nur augusttypisches Herbstwetter haben und sechs Grad mehr als angenehm durchgehen können.

Das gezeigte Szenario bei einer 6 Grad höheren Temperatur auf der Erde endete mit dem Verschwinden der meisten Lebensformen auf dem Planeten. Aber es hatte auch etwas Gutes. Unsere Mutter Erde kann sich ohne uns Menschen irgendwann wieder erholen. Es ist dann keiner da, der das Klima vor sich selbst schützen muss. Nein, das Klima kann dann wieder frei und wild das tun, was Klimas eben so tun. Sich ändern!

Und kein Mensch regt sich auf. Keiner muss mehr falschen Käse essen oder Menschenfleischkekse kauen.

Meine Theorie zur Erderwärmung ist einfach. Die Erde produziert ihre Erderwärmung selbst. Es ist wie Fieber bei einem kranken Menschen, um die Viren und Bakterien mit der höheren Temperatur abzutöten. Nur sind leider diesmal wir die Viren. Es wird uns erwischen. Über kurz oder lang kommt der Kollaps. Das ist aber immer noch besser als dass die Science-Fiction Filme der 60er und 70er zur Realität werden.

Ich hoffe, dass die Besiedelung des Mondes oder des Mars nie gelingen wird. Sollte es doch klappen, werden wir leider auch diese Planeten und Trabanten versauen.

Mit Müll zukippen, umgraben auf der Suche nach Bodenschätzen. Regulieren und untertan machen.

Was hat sich der Schöpfer nur bei unserer Schaffung gedacht???

Wahrscheinlich hat er uns aus Fleischstücken zusammengeklebt. Es funktioniert ja.

1000 Jahre nach dem Verschwinden der Menschheit wird nichts mehr an unsere Existenz erinnern. Ist das nicht ein trauriger Gedanke?

Um nachfolgende Spezies zu warnen, sollten wir eine Top Ten der menschlichen Blödheit in eine Zeitkapsel aus rostfreiem Stahl stecken und hoffen, dass sie von dem uns nachfolgenden intelligenten Leben gefunden wird. Aus unseren Dummheiten könnten sie ihre Lehren ziehen.

Wenn es sich jedoch um intelligente Nacktschnecken handelt, wird es schwierig. Die bekommen den Drehverschluss des Edelstahlbehälters nicht auf. Tja, dumm gelaufen.

Meine Theorie dazu besagt, dass es unseren intelligenten Vorgängern ähnlich ergangen ist.

Irgendwann wurden sie von der Erde getilgt und haben uns wahrscheinlich auch eine Botschaft hinterlassen. Nur wo ist sie versteckt?

Können wir sie lesen oder sind wir Menschen (wie die Nacktschnecken) einfach nicht dafür gemacht?

Schlangen in aller Welt

Wir Deutsche sind ein fahrendes Volk. Zumindest haben wir ein toll ausgebautes Netz an Straßen und Autobahnen. Beziehungsweise war es mal toll ausgebaut. Sollten irgendwann mal im Osten alle Straßen neu gemacht worden sein, so kann man ja vom Soli auch die Buckelpisten im ehemaligen Westsektor erneuern. Ja, ja. Des Deutschen liebstes Kind ist eben das Auto. Aber nicht die Nebenwirkungen. Kaputte Strassen und Staus.

„Stau ist nur hinten blöd" tröstet dich nicht wirklich, wenn du im hinteren Drittel des selbigen stehst. Bei mir in der Nähe läuft die A3 vorbei. A3 bedeutet in jedem Falle „Ab 3 Kilometer Stau."

Sobald ich den Versuch wage, unabhängig von Tageszeit oder Wochentag, auf dieser Autobahn staufrei an Würzburg vorbei zu kommen, gelingt es nicht. Wieder einmal.

Die Chinesen haben uns Deutschen neben dem Titel „Exportweltmeister" auch noch den längsten Stau geklaut.

Über 100 Kilometer stehen da Kohlelaster hintereinander. Wenn das ein Weltrekordversuch für das Guinnessbuch war, dann hab ich da noch Verständnis. Die LKW-Fahrer stehen tagelang in Reih und Glied. Schuld daran ist die unersättliche Gier der chinesischen Industrie nach Kohle. So also werden in den entlegenen Gebieten im Osten Chinas neue Kohlelager erschlossen und dort eben schnell mal eine Trasse hingebaut. Eine richtige Straße haben die nicht. Das sieht also dort fast so aus wie bei uns in den alten Bundesländern.

Zusätzlich kontrolliert die dortige Polizei alle paar Meter die LKW. Wahrscheinlich weniger auf Überschreitung der Höchstgeschwindigkeit. Viel mehr auf Einhaltung der Standzeit. Ich stell mir das gerade mal bildlich vor.

Fahrer Ying steht mit seiner Fuhre schon drei Tage am gleichen Platz im Stau. Dann klopft es an der Tür. Ying wollte gerade eine leckere Reispfanne essen und öffnet verdutzt die Fahrertür. „Grüß Gott", oder besser gesagt „Hau Mao". Polizeikontrolle. „Haben Sie die Stand- und Ruhezeiten eingehalten?"

„Nein. Sie haben zu lange gestanden. Das macht dann 500 Yüan und 13 Schäkel Strafe.

Wenn ich Sie morgen noch mal hier erwische, dann gibt's Ärger." Fahrer Ying schließt die Tür und kann nur mittels fernöstlicher Tai Chi – Atemtechniken seine Wut ablegen. Ohmmm.

Irgendwie scheint mir, dass die Chinesen auch mal besser organisiert waren. Die große Mauer hätte nie gebaut werden können bei so einer dilettantischen Planung. Oder ist das nur ein Steinestau gewesen?

Stau gibt's auch bei uns im Supermarkt. Discounter nennt man das ja heute. Und „to count" heißt ZÄHLEN. Die zählen unsere Geduldsfäden, so scheint es mir. Wir Wartenden zählen die langen Minuten, wenn mal wieder alle hungrigen Rentner und sonstige ganztägige Urlauber gerade dann einkaufen, wenn die Berufstätigen das auch tun.

Dann wird nicht „normal" eingekauft, sondern für drei Wochen. Ich hab schon immer Angst der Notstand wurde ausgerufen und nur die Rentner wurden informiert.

Supermarktschlangen haben auch noch kleine Verwandte. Die Sitz- und Wartezimmerschlangen beim Arzt. Dort sitzen und warten auch gerne die Rentner, weil sie ja sonst so alleine sind. Montags bis freitags findet in den Wartezimmern dieser Welt der Nachrichtenaustausch der Generation 60 Plus statt.

Wieder musst du warten und nebenbei bekommst du die Leidensgeschichten, Blutwerte und viele lateinische Ausdrücke für innere Organe quasi zum Nulltarif mitgeliefert. Aber es gibt schönere Orte zum Quatschen.

Zum Beispiel um 22.30 Uhr in der Schlange zum Pissoir. Was für ein komisches Wort auf dem Schild. Pissoir. Ich hatte ja Zeit lange darauf zu starren, weil ich in der Schlange der notleidenden Blasen stand.

Die Umgebung hier auf dem Volksfest war aber deutlich schöner, als im Wartezimmer. Im Kirmeszelt tanzten die Mädels in Schlangen auf den Tischen oder in den Gängen. Draußen im Außenbereich schlängelten sich die wartenden Raucher umher.

Ganz kleine, entfernte Verwandte dieser Schlangen sind die Senkel. Die Schnürsenkel. Immer wenn ich neue Schuhe anprobiere, werde ich hilflos und unsicher.

Nicht dass ich Angst vor Schnürsenkeln hätte. Nein. Ich bekomme Schuhe in die Hand bei denen die Schnürsenkel zwar eingefädelt sind, aber die Schnürung ist völlig unbrauchbar. Wie soll ich das erklären? Man kann sie einfach nicht benutzen.

Die Enden sind innen. Wenn ich dran ziehe, dann bewegt sich eher der Mond aus seiner Bahn als dass es einen Effekt auf den Sitz der Schuhe hätte. Selbst ist der Mann. Und so auch hier. Mit schnellen und mit mittlerweile geübten Handbewegungen entschnüre ich den Schuh und verpasse ihm eine Einfädelung wie sie sich gehört.

Wahrscheinlich werden die Schuhe von blutjungen Eingeborenenmädchen direkt neben der Schuhfabrik im Dschungel geschnürt. Sie kennen es nicht anders oder die Schnürung entspricht ihrer landestypischen Schnürtechnik. Eventuell verbirgt sich dahinter ein uralter Schlangenkult? Das ist aber nur eine Theorie.

Tipp an die Schuhhersteller dieser Welt. Am Schluss sollten die beiden Enden oben und außen sein. Dann macht das ganze einen Sinn.

Ich werde mal von Zeit zu Zeit wieder ins Schuhgeschäft gehen und das nachprüfen.

08.09. Oh du fröhliche…

Mit dem Ende der herbstlichen Ferien in Bayern beginnt auch wieder die „stille" Zeit.

Still wahrscheinlich nur, weil man das, was in den Supermärkten und in der Fernsehwerbung nur mit massivem Tinitus oder sehr guten Ohrenstöpseln überleben kann.

Es ist Lebkuchenzeit. Anfang September! Und schon zählst du die Monate und denkst dir…es sind noch deren drei bis zum Nikolaustag.

Drei Monate im Voraus verschwinden Sonnencreme, Grillwürste und Badetücher aus den Regalen und drinnen stehen Lebkuchen und allerlei Vorweihnachtszeug. Die letzten drei Monate vor Nikolaus laufen immer in drei Phasen ab.

Phase eins besteht aus dem schon angesprochenen Sortimentwechsel in den Läden und Geschäften. Also Kleidung, Spielsachen, Süßkram und eben alles, was mit Winter zu tun hat, ist auf dem Vormarsch. Natürlich werden auch parallel dazu das Gas und das Heizöl teurer. Der Markt regelt das schon. Irgendwie. Genauso regelt der Markt wahrscheinlich auch die Benzinpreise.

Immer wenn ich an unserer Tanke vorbeifahre, bekomme ich Nackenschmerzen wegen andauerndem Kopfschütteln.

Der Dieselpreis springt an einem Tag von 1.15,99 € über 1.27.98 € zu 1.22,88 €

Haben sich die Ölpreise an der Kopenhagener Börse gerade verändert? Ja, nach unten. Und unser Dieselpreis steht am Ende des Tages bei 1.29.99 €. Ein Schnäppchen geradezu, wenn dein Tank leer ist. Und ein Angriff auf meinen Stolz. Für wie blöde halten die uns eigentlich? Ich wünsche mir gerade einen Tankstellenverweigerungstag.

Aber zurück zum eigentlichen Thema Weihnachts-Wahn…

Phase zwei beginnt damit, dass in den Supermärkten Weihnachtsmusik aus den Deckenlautsprechern die Einkaufenden beschallt.

In den Zeitungen steht dann wieder, dass nach sechs Wochen Weihnachtsliedgut die eine oder andere Verkäuferin berserkergleich mit Schokoweihnachtsmännern auf Kunden eingeprügelt hat.

Irgendwann ist die Birne eben weich gedudelt. Es handelt sich für Nichtmediziner ganz klar um eine sogenannte „Oh-du-Fröhlichkeitsallergie mit schwerem Oh-Tannenbaum-Trauma". Ich würde das keine Woche aushalten und dann ein Kettensägenmassaker in der Lebkuchenabteilung anrichten.

Mit Beginn der dritten Phase schwenkt die TV-Werbung um. Es werden im Sekundentakt die neusten Unterhaltungsmedien, Handys, Null-Zins-Finanzierungen und Spiele in unser Kurzzeitgedächtnis gebeamt. Die Spots brennen sich förmlich in die Netzhaut ein. Darin sieht man kleine singende Plüschhunde, die keiner lieb hat. Oder dass dein Leben ohne die neuste Spielekonsole oder das Superduper-App fürs Phone nicht mehr weitergehen kann. Als Geräuschkulisse gibt's andauerndes Glöckchengebimmel.

Mein erstes Weihnachtsgeschenk, an das ich mich noch erinnern kann, war eine Melodika. Ein schönes Blasinstrument aus Plastik.

In einer grünen Kunstledertasche lag sie. Ich habe sie heute noch und kann damit noch genauso gut spielen wie vor über 35 Jahren.

Nämlich nur „Alle meine Entchen!" Aber sie funktioniert noch.

Dann ein Jahr später bekam ich einen 10er Pack leere Musikkassetten zum selbst Bespielen. Für alle unter 20-Jährigen hier eine Erklärung.

Radio anschalten. Überspielungskabel einstöpseln. Den Kassettenrekorder starten und Aufnahme, Start und Pause gleichzeitig drücken. Das Zählwerk auf Null stellen und warten bis im Radio dein Lieblingslied gespielt wird. Pausenknopf loslassen und hoffen, dass der Radiomoderator dein Lied komplett spielt, kein Geisterfahrer durchgesagt wird oder gerade Werbung kommt. Herrlich.

Mein Kassettenrekorder konnte alle Lieder spielen und ich musste nicht erst irgendein Format A in das Format B konvertieren oder einen FlashPlayer 12.x downloaden. Nur Start drücken und fertig. Gut, Bandsalat gab es. Oft. Aber das war eben so.

Ich war hin und weg, als man durch Herausbrechen von kleinen Eckchen an der Unterseite der Kassette einen Überspielschutz aktivieren konnte. Und ein kleiner Klebestreifen machte das ganze wieder rückgängig.

Faszinierend einfach und ich hab mich echt darüber gefreut. Ich möchte momentan eine Wette eingehen und werde sie sehr wahrscheinlich gewinnen.

Die Wette lautet: Erinnert sich ein heute Neunjähriger in 35 Jahren noch an sein Weihnachtsgeschenk von diesem Jahr? Die meisten nicht. Es wird wieder nur eine DVD oder ein PC–Spiel oder irgendein Elektrogerät, das Dinge kann, die keiner braucht. Sachen, die austauschbar sind und nur dazu dienen, das schnell drehende Rad des Kommerzes und Kaufens auf Geschwindigkeit zu halten.

Alles nur, weil vor 2010 Jahren in einem Stall ein Kind geboren wurde. Und aus dem schönen germanischen/ keltischen Brauch, zur Wintersonnenwende einen immergrünen Zweig in die Hütte zu stellen, sind nun Lichterketten, ein braunes Brausegetränk vertickernder Santa Claus und fliegende Rentiere geworden. Mistelzweige wachsen auch nicht in Judäa und die Geister der vorigen Weihnacht gab es damals auch noch nicht.

Ich nehme mir gerade vor, dieses Jahr ein ruhiges und erinnerungswürdiges Fest zu feiern. Die Planung hat ja noch ein wenig Zeit. Drei Monate und zwei Wochen. Ho, ho, ho. Seasons Greetings. So muss das heutzutage ja formuliert werden. Alles andere könnte ja dazu führen, dass sich in den USA eine Volks- oder Glaubensgruppe, die nicht dem Weihnachtszauber zugetan ist, irritiert fühlt.

Arme Welt. Jetzt darf man zu Weihnachten schon nicht mehr frohe Weihnachten wünschen. Nein, ich schreibe es richtig. Verklagt mich doch, ihr Amis!

Frohe Weihnachten und gute Nerven bis dahin.

Herbstgedanken

Wenn Regenwolken Stürme fangen
und raschelnd stirbt das Laub.
Ein letzter warmer Tag vergangen,
und alles wird zu Staub.
Es fällt herab, wird welk, verlöscht
bevor der Winter es verweht.
All Leben ist des Frostes Knecht
bedeckt vom Leichentuch, vergeht.
Doch wütet er auch noch so lang
so hoff ich auf des Lichtes Strahl.
Als frühlingshell ein Vogel sang
kommt Leben in das Tal.
Und ewig dreht der Lauf der Zeit,
Äonen dies geschieht.
Es dreht sich weiter, Himmelweit,
bis alles ist verglüht.

14.09. Erster Schultag in der Realschule

Wie es sich gehört, fahren Papa und Mama an diesem aufregenden Tag mit dem Junior gemeinsam in die Schule.

Immer wenn ich mich diesem Kasten aus den 70er Jahren nähere, kommen auch die Bilder aus meinen eigenen Tagen wieder herauf. So ein erster Schultag ist schon etwas Außergewöhnliches. Nach gefühlten sechs Monaten Ferien müssen die Kids wieder in aller Herrgottsfrühe aufstehen und einigermaßen aufmerksam in der Schule anwesend sein.

Aber auch für die Eltern bedeutet es immer wieder aufs Neue ein Stück loslassen zu müssen. Wir haben unsere Frucht der Lenden jahrelang herumgetragen, im Kinderwagen geschoben. Sie sind gekrabbelt, gelaufen und Fahrrad gefahren.

Hallo Kindergarten. Geschafft! Juhuu.

Hallo Grundschule. Geschafft! Juhuu.

Und nun … hallo Realschule.

Immer entfernen sie sich ein Stück weiter von uns. Werden größer und wachsen zu jungen Männern oder Frauen heran.

Nachdem die neue Schulleiterin ihre Ansprache und die Klasseneinteilung verlesen hatte, wurden rasch zwei Tränchen verdrückt. Ein winkender Niklas mit mumienhaftem Lächeln im Gesicht verschwand nun in Begleitung seiner Mitschüler in Richtung Klassenzimmer. Der Zug der Lemminge hatte begonnen. Wie auch bei unserem Großen wollten wir ihn nach dem ersten Schultag abholen und gemeinsam Essen gehen. Um die Zeit bis zum Schulende zu überbrücken gingen wir in den Baumarkt.

Ich glaube, so oft wie an diesem Tag habe ich die Gartenabteilung noch nie durchwandert. Kein Wunder, meine Frau war ja auch dabei. Und wir hatten drei Stunden Zeit. Da wird selbst die letzte Zufluchtsstätte für Männer „der Baumarkt" zur Qual.

Mir blieb nur die Flucht nach vorne. Also machte ich meiner Spontangärtnerin einen Vorschlag, den sie nicht ablehnen konnte. „Wir gehen in die Stadt und machen einen Schaufensterbummel. Wir haben ja noch zwei Stunden Zeit!"

Diese vergingen wie zäher Honig. Schaufensterbummeln hat einen direkten Einfluss auf das Gefüge des Raum-Zeit-Kontinuums. Auch die Gravitation verändert sich. So jedenfalls empfand ich es.

Immer drei Schritte vor, stehenbleiben, schauen ob es weitergeht und dann wieder zurück, weil da ja etwas Interessantes zu sehen ist. An jedem Geschäft das Gleiche. Männer sind rein biologisch und motorisch nicht zum Bummeln gemacht. Entweder laufen oder stehen wir. Aber wie ein stotternder Motor im Gänsemarsch an Geschäften vorbei zu latschen, das geht nicht. Vor, zurück, Stopp, weiter. Ich bin doch kein Auto. Aber was genau ich bin, würde ich heute noch herausfinden.

Während wir also die Zeit totschlagend im Ziehharmonikaverkehr durch die Fußgängerzone schlurften, fiel meiner Frau ein Kleidergeschäft auf. Das ist auch nicht schwer, weil jedes zweite Geschäft ein solches ist.

In diesem Angebotshaus für textiles Allerlei fand meine Gattin dann auch einen Schal. Es wurde ja Herbst und machte daher Sinn. Ab zur Kasse. Dort stand schon die freundliche Verkäuferin, kassierte und packte den Schal in eine Tasche. Diese stand nun vor mir auf dem Tresen und ich griff zu, um mich nützlich zu machen. Ein Reflex eben. Seit Generationen uns Männern antrainiert.

Der nun folgende Wortwechsel zwischen der Kassierdame und meiner Dame brachten das Männerbild der Frauen im 21. Jahrhundert auf den Punkt.

Sie sagte: „Ach wie schön. Sie haben ja Ihren Träger gleich mit dabei."

Meine Frau sagte…erst nichts, und dann zur Verkäuferin:

„Für irgendetwas muss er ja gut sein!"

Touchier, Treffer versenkt, Aua. KO. Das war´s. Von Anbeginn der Zeit haben wir unsere Frauen beschützt und die Beute heimgetragen. Wir waren Helden. Haben Kriege geführt, im Armdrücken gewonnen oder die dicksten Bäume gefällt. Heute sind wir noch zum Tragen der Einkaufstasche gut.

Was ist mit uns geschehen? Und wie konnte das, was geschehen ist, mit uns geschehen? 60

Jahre Gleichberechtigungsgefasel haben uns weich gekocht. Männer müssen heutzutage Walking machen, shoppen gehen, Brunchen und die Augenbrauen zupfen und... mir wird übel. Wir sind zu Weibern geworden.

Ich fordere hiermit die Gleichberechtigung für Männer. Resthelden aller Länder vereinigt euch. Also nicht im wörtlichen Sinn, sondern mehr geistig.

Stehen wir gemeinsam auf und schreien der Frauenbewegung ein lautes NEIN entgegen!

Vom Träger zum Held in vier Wochen. Das wäre doch mal eine Sendung für DMAX. Fernsehen für die besten Menschen der Welt. Männer!

So, Simon. Genug aufgeregt.

Was wären wir Männer denn ohne die Frauen? Verzottelte, ungewaschene, streitsüchtige Raufbolde. Wir wären jeden Tag in der Kneipe und würden wilde Gelage feiern, ungesundes Essen verdrücken oder bis drei Uhr in der Frühe Fernsehen.

Wäre das nicht paradiesisch?

Familienwochenende.

Von Frühlingspsalmen + lustigen Liedern.

Wer eine Familie hat und auf dem platten Land lebt, der ist froh über jede Abwechslung. Ausbrechen aus dem Alltag, Spaß haben, mit Freunden zusammen sein. Und für die Kinder ist gesorgt.

So ähnlich war die Kurzbeschreibung meiner Frau bezüglich des vor uns liegenden Familienwochenendes. Was mich als bekennenden Skeptikers natürlich nicht zufriedenstellte. „Und bitte", sagte Sie mit festem Blick in meine Richtung. „Bitte halt dich zurück. Du musst nicht immer der Kasper sein!"

Es handelte sich um eine Wochenendgestaltung aus der Reihe der katholischen Erwachsenenbildung. Basteln, Gespräche und Naturerlebnisse zusammen mit einer Referentin waren angekündigt.

So erwartete ich einen Mix aus Outdoor-Aktivitäten, Werkunterricht und lockeres Beisammensein bei ein paar Bierchen. Kartenspielen und zotigen Witzen wenn die Kinder im Bett waren. Dort angekommen wurden die

Zimmer bezogen und wir alle trafen uns in einem großen Seminarraum.

Das erste was mir beim Eintreten in diesen Raum auffiel, war ein Stuhlkreis. In der Mitte drapiert dominierte ein Frühlingsblumengesteck die Szenerie. Kerzen flackerten lustig und eine Klangschale stand stumm dabei. Mir schwante nichts Gutes.

Ein Stuhlkreis hat den gravierenden Nachteil, dass du dich nicht hinter einem Vordermann verstecken kannst. Mir war aber danach. „Versteck dich", schoss es mir durch den Kopf während ich zu einem noch freien Stuhl ging und mich unlustig darauf lümmelte. Klar, die Chancen standen 1:25, dass ich das Glück hatte, den Stuhl neben der Referentin zu erwischen. Aber so war es. Direkt neben ihr zu sitzen hatte den Vorteil, dass sie mein Gesicht nicht sah. Es hatte aber auch gravierende Nachteile.

Als alle saßen wurde der Raum verdunkelt und unsere Chefin sagte mit Flüsterstimme etwas von „ankommen" und „hinter uns lassen". Tatsächlich beruhigte ich mich beim Anblick der flackernden Dekokerze. Alltagsverspannung fiel von mir ab. Die Maschine im Kopf produzierte nur noch wenige Gedankenfetzen, denen ich innerlich lächeln nachhängen konnte. Omm. Das ganze wirkte wie ein TV-Sketch einer Selbsthilfegruppe. Nur war ich diesmal mitten drin. „Wir wollen ein Lied singen." Dieser Satz beendete jäh meinen kurzen Ausflug ins Land des Wohlbefindens und peitschte meinen Adrenalinspiegel steil nach oben. Nicht dass wir singen sollten besorgte mich. Sondern was wir singen sollten. Es war ein Kinderlied in Reimform. Jeder sollte aufstehen und alle sich an den Händen fassen. Dann sang sie los, verbunden mit der Bitte doch nach Belieben mitzusingen.

25 Erwachsene stehen bei Kerzenlicht im Kreis. Händchenhaltend ein mir unbekanntes Kinderlied absingend. Ich glaube jeder, also wirklich jeder Muskel meines Körpers war angespannt. Bretthart und mit eingemeißeltem Lächeln bewegte ich die dünnen, blutarmen Lippen wie beim Playback mit.

Ich schwitzte, wollte weg, raus hier aus dem Raum. Doch der Reigen steigerte sich mit der zweiten Strophe zum tanzenden und singenden Frühlings-Ringelreihen. Oh mein Gott. Peinlich, das ist das Wort das es genau trifft.

Hochnotpeinlich war mir die Situation, aus der es kein Entfliehen gab.

Wenn Körpersprache einen diffusen Einblick in das Innenleben eines Menschen geben kann, so schrie mein ganzer Körper, „ich will hier weg."

Nach dieser Einstimmung verlief der Tag dann weiter Erwachsenengerecht. Den Teilnehmern wurden Blümchen und Kräuternamen zugeordnet. Gundolf Gundermann oder Simon Silberdistel. Ja, das war lustig.

Die Kräuterwanderung riss es aber dann wieder heraus. Wirklich interessant und faszinierend, was diese Frau so alles wusste.

Ausgeglichen und den Nieselregen nicht spürend blühte ich wieder zu aller Form auf und ließ keine Situation unkommentiert. Es ist wie ein unaufhaltsamer Wasserfall. Sobald der erste witzige Kommentar aus meinem Munde entschlüpft war, gibt es kein Halten mehr. Jede noch so banale Situation wurde nun von mir karikiert, persifliert und dazu missbraucht einen Lacher zu erhaschen.

Das Spiel kennt meine Frau schon und kickt mir dann, meist kurz bevor ich eine ganze Gruppe in Aufruhr versetze, unsanft ans Bein.

Es gibt irgendwie nur zwei Aggregatszustände von mir. Im Mittelpunkt stehend und Witze reißend oder wie heute Morgen das absolute Unwohlsein.

Referenten haben es nicht leicht mit mir. Gewiss nicht. Und mir ist das auch bewusst. Aber ich kann nicht anders.

Wer so einen Gruppenkasper wie mich in Selbiger hat muss schon hart gesotten und schmerzfrei sein. Wir haben uns aber irgendwie aneinander gewöhnt, die Referentin und ich. So war jedenfalls mein Gefühl nach den drei Tagen.

Dieser Burgfrieden wurde noch mal auf eine harte Probe gestellt, als die Teilnehmer aus Weidezweigen kleine Kunstwerke flechten sollten. Da wurden an Untersetzern für Töpfe und Gartenstandarten geflochten als gäbe es kein Morgen mehr. Beliebt war auch der Fisch. Der ging einfach und machte was her.

Ich hingegen ziehe ja aus Prinzip meine Socken mit der Buchstaben L und R für Links und Rechts genau andersherum an. Da werde ich doch heute nicht mit dem Mainstream schwimmen.

Bei mir wurde aus der Flechtkunst ein Trinkhornhalter. In meinem Besitz ist ein schönes Trinkhorn aus einem Kuhhorn mit einer Gürtelschnalle. Toll und praktisch. Doch wenn ich beim einen oder anderen Anlass das Hörnchen fülle, so muss ich es die ganze Zeit in der Hand halten. Die gebogene Form und die Erfindung der Schwerkraft verhindern ein Abstellen des Gefäßes auf dem Tisch. So also wuchs in meinen Händen etwas, das mich aus diesem Dilemma befreite.

Natürlich kam die Oberflechtmeisterin auch zu mir und fragte nach dem tieferen Sinn meines Tuns.

Als Antwort erklärte ich ihr den Gegenstand. Nach dem zweiten Satz ging sie kopfschüttelnd und nicht ohne einen strafenden Blick zurückzulassen zum Nächsten. Der flocht einen Fisch, was großen Lob zur Folge hatte. Gegen den Mainstream zu flechten ist nichts für Weicheier.

Was lernen wir aus diesem Wochenende??

Öffne deinen Geist, leg ab alle Sorgen. Singe und tanze wild wie der Frühling.

15.10.

Überlebenstipps in Europa.

Das war heute ein köstlicher Morgen. Nicht, dass ich mir zwei Löffel Zucker mehr in meinen Milchkaffee geschüttet hätte. Nein, es hatte etwas mit dem zu tun, was ich nun schon zum zweiten Mal las. Dieses Mal las ich es ganz langsam, um jedes der dort so feinsinnig abgedruckten Worte des Zeitungsartikels auszukosten.

In dem ironisch geschriebenen Stückchen Zeitung ging es um Überlebenstipps der amerikanischen Regierung. Alle Amerikaner, die sich nicht davon abhalten ließen, dieses wilde Europa zu besuchen, sollten die genannten Anweisungen beherzigen. Es ginge schließlich ums Überleben.

Da kommt jemand aus einem Land, in dem 16-Jährige schon Autofahren und jeder dich abknallen darf, wenn du seine Grundstücksgrenze überschreitest. Einem Land, das unbestritten wunderschön ist, dessen Einwohner allerdings an galoppierendem Verfolgungswahn leiden.

Die Weltmacht dieses Planeten. Behüter der Menschenrechte, Beschützer der Witwen und Waisen sollte sich etwas mehr mit seiner eigenen Vergangenheit befassen. Die damaligen Siedler haben fast alle Ureinwohner ausgerottet.   Indianer. Genau. So wurden sie genannt.

„Die waren doch selbst Schuld, die Indianer", schießt es mir mit galligem Humor durch den Kopf. „Müssen die sich auch so verdächtig verhalten. Da muss man doch glauben, es seien Terroristen!"

Wer waren diese Siedler damals, die aus aller Welt nach Westen zogen, um ihr Glück zu machen?

Es waren zumeist Flüchtlinge vor dem Gesetz, zwielichtige Gestalten, gescheiterte Existenzen, Goldsucher und Glücksritter.

Und genau deren Nachfahren geben Tipps heraus wie diese:

Sie sollten sich nach dem Einchecken (beim Abflug)   unverzüglich jenseits der Sicherheitskontrollen in Sicherheit bringen.

> **Tragen Sie auch bei heißem Wetter in Europa keine Shorts, keine Turnschuhe und keine Baseballmützen, die sie sofort als Nichteuropäer identifizieren.**

Der Beste war aber:

> **Behalten Sie Menschen im Auge, die andere Menschen beobachten...**

Zwei Fragen stellen sich mir nun.

Erste Frage:

Hatten die Siedler damals auch Reisetipps, als sie den wilden Westen besuchten? Wenn ja, dann hätte die Liste wie folgt aussehen können:

> Verlassen Sie nach Sonnenuntergang nie ihre Wagenburg.
>
> Vermeiden Sie es, Cowboyhüte und die Hosen eines gewissen Levi Strauss zu tragen. Dadurch erkennt man sie als Nichtindianer.
>
> Erst schießen, dann fragen.

Alle Büffel gehören uns.

Sobald Pfeile durch die Luft fliegen, sofort auf den Boden legen.

Warten Sie auf das Eintreffen von General Custer´s Kavallerietruppen.

Zweite Frage:

Wie habe ich mir einen normalen Tag als Tourist in Stuttgart (21) vorzustellen?

...Fiktiver Tagebucheintrag unseres frisch eingetroffenen US-Bürgers...

10.30 Uhr. Sofort, als ich den Bahnhof verlassen habe, begebe ich mich hinter die Sicherheitsabsperrung der Polizei. Das finde ich toll. Die Deutschen richten für uns extra Schutzzonen ein. Die Reichweite der Wasserwerfer könnte etwas weiter sein. Ich gebe dem Einsatzleiter eine Visitenkarte unseres Bürgerwehrvorsitzenden. Der hat ausrüstungstechnisch bestimmt noch den einen oder anderen Tipp für die Polizei.

Dadurch, dass die alten Bäume umgesägt wurden, habe ich nun einen viel besseren Blick auf das Parkgelände. Warum nur benutzen die noch Gummigeschosse? Weicheier!

Gut, dass ich in kurzen Cordhosen, weißen Socken und Sandalen gekleidet bin. So halten mich alle Terroristen für einen Deutschen. Der gepanzerte Mannschaftswagen ist sehr unbequem, doch so wird der Weg zum Hotel halbwegs sicher. Gepanzerte Fenster. Ha. Dann werft mal Bomben, ihr Terroristenpack!

Alle Leute schauen komisch, als ich an meinem Hotel aus dem tollen grünen Bus steige. Beobachten die mich? Das muss ich mal beobachten! Wenn ich aber Leute beobachte, die Leute beobachten, dann macht mich das ja auch verdächtig. Mir ist schwindelig vom vielen Nachdenken. Ich mache das ja nicht so oft.

So, jetzt kauf ich mir erst mal eine Waffe. Der Taxifahrer hat mich in eine dunkle Gasse gefahren. Ich hab doch nur gefragt, ob er wüsste, wo ich eine Knarre kaufen könnte. Komisch. Und eine Quittung hab ich auch nicht von dem Typ bekommen, der mir die 9 Millimeter Pistole gegeben hat. Nicht mal mit Kreditkarte konnte ich bezahlen. Zum Glück hatte ich so viel Bargeld dabei! Warum ist der gleich davongerannt?

Nun bin ich hungrig. An einer Bratwurstbude hab ich aber nichts zu Essen gekauft. Der Budenbesitzer hatte eine Baseballmütze auf. Das machte ihn verdächtig. Wenn Terroristen sich als US-Bürger tarnen wollen, dann ziehen sie solche Mützen auf. Gut, dass ich die Reisetipps beherzigt habe. So kann ich überleben.

Warum die auf dem Flughafen beim Einchecken so einen Aufstand gemacht haben, kann ich mir immer noch nicht erklären. Die Waffe war doch gesichert! Jetzt sitze ich hier in einer Zelle. Barbarische Zustände! Die Nagelschere und mein Shampoo habe ich doch extra in den Koffer gepackt. Im Handgepäck tragen das ja nur Flugzeugentführer bei sich. Bin froh, wenn ich wieder in der Zivilisation bin. Muss ich hier eine Null vorwählen, wenn ich meinen Anwalt anrufen will? Haaaloooo!

Ende des Tagebucheintrages.

Liebe Amis!

Wenn Zeitreisen etwas Gutes bewirken könnten, dann jetzt. Wir könnten in die Zeit des Columbus zurückkehren und die Entdeckung Amerikas verhindern. Oder wenigstens einen hohen Zaun darum machen, damit keiner mehr rauskommt. Und wenn es intelligentes Leben da draußen im Weltall gibt, und dieses intelligente Leben Kontakt mit uns Menschen aufnehmen will, dann bete ich, dass der Alienabgesandte auf keinen Amerikaner trifft.

Die Frage, die sich sogleich dem beflissenen Leser stellt: Haben die Außerirdischen auch eine Liste mit Tipps beim Besuch von fremden Planeten?

Ich stelle mir gerade die diversen Enterprise-Folgen vor. Wie würden sie aussehen, wenn die Jungs um Kapitän James T. Kirk diese Überlebenstipps gehabt hätten? Also, die Crew wird zum unbekannten Planeten gebeamt. Alle zücken ihre Phaserwaffen. Die Tricorder fiepen und piepen. Kommt ein Ureinwohner um die Ecke gelaufen und hat eine Baseballmütze auf den drei Köpfen. **Wuschsch!** Weg isser, pulverisiert.

Dann sofort Deckung suchen hinter dem nächsten Pappfelsen aus der Bühnendeko. Spock funkt zum Raumschiff: „Die Bewohner beobachten uns. Das macht sie verdächtig. Sofortiger flächendeckender Phaserbeschuss anordnen!" **Logbucheintrag**: Sternzeit 13 Komma 52. Heute haben wir wieder einen Planeten zerstören müssen. Er war voller Terroristen. Schade, bisher haben wir kein friedliches und intelligentes Leben entdeckt. Und so dringt die USS Enterprise in Galaxien vor, die noch nie ein Mensch gesehen hat... Warp 5 Mr. Sulu. Volle Energie!

20.10. Wer bin ich...?

Nicht, dass ich in längst vergangenen Zeiten eine ähnlich lautende Sendung mit einem Brille tragenden Mann, einem Rate-Team und einigen Schweinchen zu oft gesehen habe. Nein. Was sich hinter dieser einfachen Frage verbirgt, ist aktuell und nicht weniger wichtig.

Es geht um sogenannte soziale Netzwerke. So genau kann ich mich eigentlich nicht mehr erinnern, wie ich dazu kam.

Irgendeine mir völlig fremde Person hat mich zu WKW eingeladen. Diese Community steht natürlich nur stellvertretend für die vielen sonstigen Internet-Ersatzfamilien unserer Zeit.

Die anfängliche Begeisterung, Teil eines wichtigen ETWAS im Netz zu sein, wich immer mehr einem Gefühlsgemisch aus Faszination und Kopfschütteln. Da kennst du angeblich 357 Leute. Alles deine Freunde. Und wenn du mal jemanden brauchst, hilft dir doch keiner.

Was mir noch aufgefallen ist. Es gibt im Lande so unglaublich viele unentdeckte Models. Sinnvollerweise sind sie Singles und immer offen für „Neues". Die Fotos im Lebenslauf sind so scharf, dass man als Mann diesen Kulleraugen und Schmolllippen kaum widersagen kann. Dahinter verbergen sich meist irgendwelche Knalltüten männlichen Geschlechts, die sich einen Riesenspaß daraus machen, andere zu verulken.

Dann gibt es Leute, die angeblich über 1000 andere Menschen kennen. Also einen ausgeprägten Komplex mit sich durchs Leben tragen, den sie damit kompensieren wollen.

Die Besten sind allerdings die Typen, die dich zu irgendwelchen abstrusen Gruppen einladen wollen. Es gibt nichts, was es nicht gibt. Sinnvolle Gruppen wie „Deine ehemaligen Schulkameraden", aber auch „Die anonymen Verwirrten". Wobei ich in beiden Mitglied bin.

Außerdem existieren ganz viele Gruppen speziell für Frauen.

Hier einige Beispiele aus dem Fundus:

„Frauen über 40 sind die **besten**!"

„Frauen mit echten Kurven!"

„Frauen. Wo wir sind ist vorne!!"

Ich hätte da gleich noch einige Vorschläge zu machen.

„Frauen, die Stehpinkeln kenne Männer, die Sitzpinkeln!"

„Frauen mit Hirn mailen Männer ohne Hirn!"

„Gruppe der Frauen ohne Gruppe!"

Es ist es ebenso lustig wie reizvoll in den Bildern der Mitglieder zu stöbern. In den allermeisten Fällen sieht man gleich, wessen Geistes Kind da in Farbe und bunt abgebildet ist.

Machokerle mit Waschbrettbauch. Modelfrauen mit lüsternem Blick. Auto mit Kerl. Auto mit Dame. Auto mit Motorrad.

Aber die besten sind die ohne Bilder. Stattdessen ist ein Cartoonplatzhalter abgebildet. Hat derjenige was zu verbergen?? Ist er hässlich oder schüchtern? Oder beides?

Wenn du nun also auf eine dich anlächelnde Frau gestoßen bist, zufällig oder weil sie dich angeklickt hat, dann hast du als Mann zwei Möglichkeiten, wie es nun weiter geht.

Zum einen: DU MACHST NICHTS!!!

Und wenn ich nichts schreibe, dann meine ich auch nichts.

Also kein „Grüßle" auf ihrer Seite hinterlassen. Keinen Gästebucheintrag oder sonstiges. Das ist zwar langweilig, aber die sicherste Methode.

Was passieren kann, wenn du antwortest oder einen Gruß auf der Seite eines interessanten, weiblichen Menschen hinterlässt, ist unglaublich.

Die Reaktionspalette geht von völligem Ignorieren, dauerndem Zurückgrüßen, Fragen „wer bist du?" Als könnte ich das in drei Sätzen sagen! Der Ehemann der betreffenden Dame mailt böse Mails zurück, weil die Frau vergessen hat sich auszuloggen, und ihn ihre Flirterei nervt. Außerdem gibt es noch Kaffeetrinkeinladungen oder andere spontane Angebote. Wer hätte das gedacht?

Mhmm. Da sitzt du nun und wolltest doch nur einen Smalltalk halten und maximal ein Käffchen zusammen trinken. Wie drückt das meine Frau so treffend aus? „Wenn eine andere Frau mit dir Kaffee trinken will, dann will sie nicht nur Kaffe trinken!"

Das wäre auch ein lustiger Gruppenname für Frauen. „Frauen, die nur Kaffee trinken wollen." Aus dieser Gruppe kannst du dir als Mann dann gefahrlos eine zum Käffchen einladen. Ganz nach dem Motto „Die machen nichts, die wollen nur trinken."

Egal, versteh einer die Frauen. Nebulöse Geschöpfe, die, wenn sie Nein sagen, manchmal Nein meinen. Manchmal aber auch nicht Nein. Also JA.

Aus der Schule kenne ich noch, dass zweimal Minus auch Plus ergibt. Das muss so ähnlich sein.

Wer bin ich also, der ich im Internet Menschen, die ich nicht kenne, Dinge sage, die sie nicht interessieren?

Wer bin ich also, der ich 389 Leute kenne, die mir zum größten Teil unbekannt sind?

Wer bin ich also, der, wenn er einen interessanten Menschen anklickt sofort ignoriert, bedroht, oder in die „nicht nur Kaffe trinken" – Schublade gesteckt wird?

Ich bin auf alle Fälle ein Mensch, der zu viel Zeit am PC verbringt.

Aufkleber.

Wir alle kennen diese Aufkleber in den Bädern von Hotelzimmern.

Es geht um die Handtücher. Und darum, wie viele Liter Wasser verschmutzt werden, wenn wir diese Handtücher auf den Boden werfen.

Nein, im Ernst. Es ist ein wichtiger Punkt. Aber in vier Sprachen derart rüde von einem Aufkleber angemosert zu werden, stört mich schon lange.

So etwas kann man auch netter schreiben. Irgendwie.
Das Weltuntergangsszenario springt dich aber förmlich weltweit von diesen Warnhinweisen an.

Du bist schuld. Das steht da eigentlich. Hättest ja nicht duschen brauchen. Nun bist du nass.

Luthers Spruch, leicht abgewandelt, wird gerade an den Strand meines Denk-Ozeans gespült. „Das Handtuch auf den Boden flutscht, die Seele in die Hölle rutscht."

Das ist zwar phonetisch noch nicht zu 100 % ausgereift, trifft es im Grundton aber ganz gut.

„Lieber Gast. Du bist schuld am Weltuntergang!"

Das hätte auch auf dem Aufkleber stehen können. Die Botschaft wäre die Gleiche, aber die Aufkleber um 80 % kleiner.

Und schon sinniere ich über einen möglichen Warnaufkleber **gegen** die Aufkleberindustrie.

Liebe Aufkleberhersteller. Können Sie sich vorstellen, wie viel Umwelt durch das Drucken eurer Aufkleber zerstört wurde? Millionen Aufkleber verkleben täglich unsere Wände.

Daher eine Bitte für die Zukunft: Ist der Text wichtig, dann klebt der Aufkleber an der Wand. Ist er unwichtig, werfen wir ihn auf den Boden...

So oder ähnlich klingt mein Gebrumme, wenn ich wieder einmal vor einem dieser Warntexte stehe und mich abtrockne.

„Werft ten Purchen zu Poden!" Das ist mittlerweile einer meiner Lieblingssätze aus dem wunderbaren Film „Das Leben des Brian".

Statt Raucher und Nichtraucherzimmer sollte es Duscher und Nichtduscher geben.

Für unser Gäste-WC zu Hause habe ich einen eigenen Text entworfen.

Wenn mein Buch von einem interessierten Bio-Aufkleber-Hersteller gelesen wird…bitte einfach Kontakt mit mir aufnehmen.

Lieber Gast!

Können Sie sich vorstellen, wie viele Tonnen Handtücher täglich weltweit auf den Boden geworfen werden? Waschmittel verunreinigt unser Trinkwasser und Millionen Liter dieses kostbaren Gutes werden zum Waschen verbraucht.

Daher unsere Bitte:

Werfen Sie das Handtuch nicht auf den Boden unserer Gästetoilette. Es wird schmutzig und wir müssen es waschen. Hängen Sie es einfach an den Haken, dann kann es weiter benutzt werden.

Sie leisten damit einen wichtigen Beitrag, unsere Reinigungskosten niedrig zu halten.

Vielen Dank. Auch im Namen der Hausfrau.

Save the Planet.

Tanzen

Nachdem seit vielen Jahren dieses Thema immer wieder zur Sprache kam, ließ ich mich in einer schwachen Stunde dazu breitschlagen, mit meiner Frau einen Tanzkurs zu machen.

Nicht dass ich kein toller, leidenschaftlicher und geübter Tänzer wäre.

Ich tanze wirklich gerne. Erfinde dann während des Liedes neue Tanzschritte und wundere mich, wie meine Tanzpartnerinnen diesen Spontaneingaben folgen können.

Meine Bedenken sind eher anderer Art. Das Tanzen habe ich nie wirklich gelernt. Das kommt bei mir aus dem Bauch heraus. Schrittfolgen sind was für Weicheier.

Meine diffuse Vorstellung eines Tanzkurses wichen stark von „aus dem Bauch" heraus tanzen ab. Und ich würde Recht behalten.

Um der Wahrheit genüge zu tun, darf ich anmerken, dass ich doch so etwas wie einen Tanzkurs hatte.

Etwa im Alter von 14 Jahren sollte ich meine Eltern auf einen Faschingstanz in unser örtliches Sportheim begleiten. Natürlich wollte ich nicht mit. Auf keinen Fall. So erfand ich die wildesten Ausreden. Zu guter Letzt zog ich meinen vermeintlichen Joker aus dem Ärmel und sprach mit weinerlicher Stimme: „Ich kann ja außerdem gar nicht tanzen!"

So, das sollte genügen, dachte ich. Und bevor ich mich versah, schnappte mich meine Mutter, zog mich ins Wohnzimmer und legte eine Schallplatte auf den Plattenspieler.

Für alle unter 20-Jährigen „Nicht DJ`s". Das waren so schwarze, große, runde Scheiben mit Rillen drauf.

Da meine Geschwister das mitbekommen hatten, standen Sie dicht gedrängt und lachend im Wohnzimmer um sich dieses Schauspiel nicht entgehen zu lassen. Häme, Spott, Achselschweiß und die stakkatoartigen Anweisungen meiner nimmermüden Mutter. „Rechts, Links, Tip, Zurück, Rechts, Links, Tip." Das brennt sich ein in ein zartes Jungengehirn.

Am Ende des Abends konnte ich stolpernd und ungelenk den übertrieben fluffigen Tanzbewegungen meiner Mutter folgen. Peinlich. Das war das dominante Gefühl in mir.

Dies zum Hintergrund des Tanzkurses, der vor mir lag.

Und ähnlich wie damals ist man da ja auch nicht allein. Mit weiteren „Freiwilligen" die von ihren Frauen angemeldet wurden, absolvierte ich die Rumba, den Salsa, Fox und Foxtrott sowie den Tango. Alles andere habe ich schon vom Namen her vergessen.

Während all diese Tänze in mein Kurzzeitgedächtnis gemeißelt wurden, musste ich immer wieder an meine Mutter und den Tag vor vielen Jahren denken.

Für einen wilden und freien „aus dem Bauch heraus"- Tänzer ist es eine Mörderqual feste Schrittfolgen immer und immer wieder abzutanzen. Gut, dass in dem Kurs noch mehr Grobmotoriker, also Männer, anwesend waren und die strengen Blicke des Tanzlehrers nicht nur auf meinen Schuhen ruhten.

Meine Frau und ich schauten uns in der Zeit des Tanzkurses sogar im Fernsehen die Tanzmeisterschaften an. Standart und lateinamerikanische Tänze wurden dort von Profis aufs Parkett gebrannt. Irgendwie hatte ich das Gefühl, dass die drei Grundschritte der Rumba, die wir im Kurs gelernt hatten, von den Profis komplett ignoriert wurden. Das hatte so gar nichts mit dem zu tun, was wir auf die Tanzfläche stolperten und Rumba nannten.

Es befremdete mich wirklich, wenn übertrieben braune, geschminkte Männer in enganliegenden Glitzerhosen sich schlangengleich um ihre unnatürlich lächelnde Partnerin drehten. Alles ruckartig und künstlich. Keine Spontaneität. Traurig, wenn du den freien Geist des Tanzes in ein so enges Korsett geschnürt siehst.

Das alles hatte mit Tanzen im ursprünglichen Sinne nichts mehr zu tun, beschloss ich.

Per Definition war ich nun ein
„*Nativ-Dancer*".

Tipp Nr. 1.

Es hilft immer, wenn man einer Sache oder Aussage einen amerikanischen Namen gibt. I love Anglizismen.

Ich bin also einer, der die Musik in sich wirken lässt und die Bewegungen entstehen aus diesem Wirken heraus. Bewegung ist Selbstzweck und Ventil der Seele.

Das ist mein Tipp Nr. 2.

Versuche, eine pseudowissenschaftliche Theorie aufzustellen. Sobald sich etwas wissenschaftlich anhört, kannst du es deinem Gehirn als wahr verkaufen.

Pah, Lackaffen und Gockel. Das war mein Kommentar zu den Profi–Tänzern im Fernsehen.

Das ist Tipp Nr. 3.

Lächerlich machen. Dann können die Anderen noch so gut sein, meine Frau noch so schmachtend schauen. Es prallt an mir ab. Meiner Rüstung aus „Abgrenzung durch Fremdworte, wissenschaftlicher Theorie und Erniedrigung des Gegners" hält stand.

So ein gekränktes Ego ist echt nichts Schönes. Freiheit für die Musik. Nieder mit den Tanzschritten. Männer sind schon komplizierte Wesen. Irgendwie.

04.11.

Weihnachtswahn. Endphase!

Nachdem die westliche Welt nun unumkehrbar in Richtung des Heiligen Abends taumelt, kann auch ich nicht mehr die Zeichen leugnen.

Gestern Abend fuhr ich durch eine der lieblichen Ortschaften am Untermain. Alles grau und düster. Der Novemberschleier hing über den dahinhuschenden Menschen ebenso wie über den Häusern. Gespenstisch dunkel. Bis mir mit einem Schlag klar wurde, es ist soweit. Phase vier läuft.

WEIHNACHTSBELEUCHTUNG!

Ja, ich bin mir sicher. Es war keine Kerze und keine Partylichterkette. Es war eine kleine, aber in der ansonsten düsteren Nacht hell leuchtende Weihnachtspyramide, die dort im Fenster stand.

Jetzt verstehe ich auch den Sinn der Zeitumstellung von letzter Woche. Das ist der imaginäre Startschuss für die Befeuerung der westlichen Halbkugel. Und nun hat auch der Begriff „Lauffeuer" eine neue Bedeutung. Sobald einer damit anfängt den November zu erleuchten, machen viele andere mit.

Die wenigen weihnachtsvirusresistenten Zeitgenossen werden davon wieder einmal verschreckt und in ihrer Ansicht bestärkt. Auch gut.

Auch die Laufzeitverlängerung der Atomkraftwerke ist nun in Ordnung. Dient der Atomstrom doch dazu, die Vorweihnachts-Botschaft hinaus ins Weltall zu senden.

Die Botschaft lautet nicht „Weltfrieden" oder „Frieden auf Erden", sondern

„Was wolltest du noch mal zu Weihnachten, Schatz?"

Das ist die Frage, die uns Männern plötzlich unter den Nägeln brennt.

Vor vielen Wochen und Monaten haben uns die Frauen und Freundinnen mit Tipps und Hinweisen zu Art, Größe, Farbe und Preis des gewünschten Geschenkes überschüttet.

Ihrerseits sind die Geschenke für uns Männer schon gekauft und eingepackt. Zumindest aber wissen die Frauen noch ganz genau, was wir uns wünschten.

Jäh riss mich also die Flamme der Unwissenheit aus meiner abendlichen Heimfahrtidylle.

„Was wolltest du noch mal Schatz?", war auch die erste Frage als ich zu Hause angekommen war. Nachdem ich mir die Bergpredigt in ihrer neuen Fassung zum Thema Männer und Geschenke anhören musste, erhielt ich nun noch mal einen gütigen Hinweis seitens meiner lieben Gattin.

Ich denke, dass sich in dieser großen Geste der Güte und Toleranz mir gegenüber, die Liebe in ihrer reinsten Form zeigte. Frieden auf Erden gibt es nur, wenn jeder das Geschenk erhält, das er sich gewünscht hatte.

Frauen leiten uns Männer daher zu den Outlet-Factories, wie damals vor 2010 Jahren der Stern die Hirten hin zur Krippe führte.

Statt der Erlösung durch ein neugeborenes Kind im Stroh finden wir Männer Erlösung durch ein neues Geschenk. **Salve Sale !!**

Sale. Also Neudeutsch für „Verkauf" ist die eigentliche Botschaft dieser Weihnachtszeit.

Sale rettet die Weltwirtschaft und die Sozialsysteme.

Sale rettet den Einzelhandel.

Sale rettet deine Seele und deine Ehe.

Und wenn der Geist der Weihnachts-Sale verschwunden ist, dann kommt bald darauf der Geist des WSV, des Osterhasen, des Valentinstages, des Frühbucherrabattes, des SSV und des Halloween.

Wir können uns nicht beschweren. Andere Völker haben da wesentlich weniger Geister und Götter, denen sie opfern können.

In diesem Sinne…

…möge ein Licht die Welt erleuchten und

„Frieden auf Erden!"